教育部"十四五"新兴领域
规划教材项目资助成果

数字素养

主编　周傲英

中国教育出版传媒集团
高等教育出版社·北京

内容提要

本书除了绪论外，由基础篇、技术篇和实践篇三部分组成，共10章内容，其中，基础篇包括数字素养、数字化转型、数字经济三个基本概念；技术篇介绍了大数据、人工智能、区块链三个典型技术；实践篇聚焦教育数字化转型、城市数字化转型和"东数西算"工程等内容。此外，本书还配套了课件、知识点视频、客观题习题答案等数字资源。

本书旨在帮助大学生们学习数字素养、数字经济和数字化转型等概念，构建数字时代数字素养的知识体系，更好地理解和把握时代机遇，适应和应对数字化生活，提高个人竞争力，成为数据时代的建设者和时代新人。

本书适合作为普通高等本科高校和高职（高专）院校的大学生提升数字素养，学习数字化转型、数字经济相关知识的通识课教材或参考书，同时也适合作为数字经济、数字化转型等领域从业人员的参考书。

图书在版编目（CIP）数据

数字素养/周傲英主编. -- 北京：高等教育出版社，2024.9. -- ISBN 978-7-04-062891-3

Ⅰ.F49

中国国家版本馆CIP数据核字第20245RT404号

数字素养
SHUZI SUYANG

策划编辑	徐　可	责任编辑	徐　可　张彦云　耿　芳　朱　瑾
封面设计	王凌波	责任绘图	邓　超
责任印制	张益豪		

出版发行	高等教育出版社	网　　址	http://www.hep.edu.cn
社　　址	北京市西城区德外大街4号		http://www.hep.com.cn
邮政编码	100120	网上订购	http://www.hepmall.com.cn
印　　刷	唐山嘉德印刷有限公司		http://www.hepmall.com
开　　本	787mm×960mm　1/16		http://www.hepmall.cn
印　　张	18.25		
字　　数	210千字	版　　次	2024年9月第1版
购书热线	010－58581118	印　　次	2024年9月第1次印刷
咨询电话	400－810－0598	定　　价	35.20元

本书如有缺页、倒页、脱页等质量问题，请到所购图书销售部门联系调换
版权所有　侵权必究
物　料　号　62891－00

本书编委会

主 编：

周傲英

副主编：

高 明

编 委（按姓氏笔画排序）：

毛嘉莉　李　晖　金澈清　周　烜　钱卫宁　谢大光

序 言

在全球化与数字化浪潮交织的今天，人类社会正经历着前所未有的深刻变革，全球经济数字化转型不断加速，数字技术深刻改变着人类的思维、生活、生产、学习方式，推动世界政治格局、经济格局、科技格局、文化格局、安全格局深度变革，全民数字素养与技能日益成为国际竞争力和软实力的关键指标。党的十八大以来，以习近平同志为核心的党中央作出建设网络强国、数字中国战略决策。2019年2月，中共中央、国务院印发了《中国教育现代化2035》，指出建设智能化校园，统筹建设一体化智能化教学、管理与服务平台；利用现代技术加快推动人才培养模式改革，实现规模化教育与个性化培养的有机结合。2021年10月，中央网络安全和信息化委员会印发《提升全民数字素养与技能行动纲要》，对提升全民数字素养与技能作出安排部署，提出2035年基本建成数字人才强国，全民数字素养与技能等能力达到更高水平，高端数字人才引领作用凸显，数字创新创业繁荣活跃，为建成网络强国、数字中国、智慧社会提供有力支撑。

数字革命对人类社会的影响是全方位、深层次的。在生产领域，推动了生产方式的智能化、网络化、服务化转型，提高了生产效率，降低了成本，催生了新的产业形态和商业模式。在生活方面，改变了人们的消费习惯、娱乐方式、社交模式，提高了生活品质，增强了社会联系。同时，还促进了教育、医疗、文化等社会事业的数字化发展，为解决社会问题、推动社会进步提供了新的途径和手段。尤为值得一提的是，数字革命在推动经济结构调整和转型升级方面发挥了重要作用，不仅促进了传统产业与数字技术的深度融合，还催生了新兴产业和新的经济增长点。

面对数字革命的浪潮和机遇，提升全民数字素养已成为时代赋予我们的重要使命。特别是对于即将成为国家栋梁的大学生来说，数字素养与技能的培养，不仅是时代的呼唤，更是个人发展的迫切需要。数字素养不仅是个体在数字社会中生活、学习和工作的基本技能，更是衡量一个国家综合竞争力和公民个人能力的重要指标，涵盖了数字技术的理解与应用、数据信息的识别与判断、网络安全与隐私保护等多个方面。提升数字素养对于促进人的全面发展、推动社会治理创新、增强经济竞争力具有重要意义。因此，将数字素养教育纳入高等教育体系，开设"数字素养"通识课等必修课程，对于培养高素质人才、推动教育数字化转型具有意义重大，不仅有助于大学生建立对数字经济、数字化转型和数字素养的正确理解，还能提升他们的数字学习能力、数字工作能力和数字创新能力，为未来的职业生涯打下坚实的基础。大学生要积极提升自己的数字素养，包括提升认知、收集、获取和运用数字信息的能力，掌握信息筛选和分析能力，提高在生活和学习中运用数字技术的技能，树立网络安全意识等，为未来的职业发展和社会生活奠定坚实的基础。高校和社会各方也应加强数字素养教育，为大学生提供更多的学习资源和支持。

数字素养的内涵丰富，它不仅涵盖了个体在数字社会中生活、学习和工作所必需的基本技能，还包括了数字时代新的思维方式、新的创造力和新的价值观等更为深层的认知和价值取向。当前的时代背景下，大学生数字素养的培育重点在于，帮助他们突破对大数据、人工智能、区块链等新型信息技术的传统认知，理解大变局时代技术背后的底层逻辑；帮助他们建立对于数字经济、数字化转型和数字素养等耳熟能详的概念的正确理解，提升他们参与数字化转型实践的能力；通过对教育数字化转型、城市数字化转型和"东数西算"工程等典型案例的分析，帮助他们理解数据赋能和科技助力是实现数字化转型的正确途径，鼓励他们在数字化转型的实践中坚持守正创新，发挥首创精神，树立正确的数字价值观，坚持发展与安全统筹推进。

贵州省作为中国数字经济发展的创新高地，在提升全民数字素养与技能方面也做出了积极努力。贵州省委、省政府高度重视数字经济的发展和全民数字素养的提升工作，并将其作为推动经济社会高质量发展的重要抓手来加以推进。在这一过程中，贵州省教育厅积极发挥自身职能作用，从战略高度出发，经过认真研讨和系统规划，举办了多期面向高校领导和教师的数字素养提升工程研修班，有效提升了教育数字化转型的关键软实力。贵州省教育厅还决定从2024年秋季学期开始，在全省本科和高职（高专）院校所有专业的一年级新生中开设"数字素养"通识课，不仅是对习近平总书记关于"教育数字化"重要论述的深入学习，更是对大学生数字素养与技能的一次全面提升；不仅彰显了贵州对提升大学生数字素养的高度重视和坚定决心，更是为其他地区提供了可借鉴的经验和范例。同时，贵州还积极加强与华东师范大学贵州（大数据应用）研究院等科研机构的合作与交流来推动数字素养教育工作的深入开展和创新发展。

华东师范大学贵州（大数据应用）研究院，作为落地贵州的新型研究机构，凭借其在大数据应用领域的深厚积累和自主研发的"贵兰在线"学习平台，荣幸地承担了"数字素养"通识课的在线教学工作。为了确保课程的顺利开设和高质量完成，研究院组织了一支由业内专家组成的编写团队，精心编写了这本《数字素养》教材，建设了题库、课程视频、外部知识库等丰富的数字资源，并对"贵兰在线"学习平台进行了优化与完善，旨在为贵州省乃至全国高校的大学生提供全面、系统的数字素养教育。

本教材的编写，对贵州全省高校上好"数字素养"通识课具有至关重要的意义，不仅是学生掌握数字技能、提升综合素质的必备工具，更是推动贵州数字经济高质量发展、实现"四新""四化"目标的重要支撑。本教材所体现的先进教学理念、丰富的教学资源和科学的教学方法，以及"贵兰在线"学习平台的优化，是研究院在课程建设和智慧在线学习平台方面的一次重要探索。我们期待这一探索能够形成可借鉴、可复制、可推广的数字素养提升新范式，不仅服务于贵州省的高等教育，也能够为全国其他高校提升师生数字素养提供参考和借鉴。

展望未来，我们将继续秉持开放合作、共享共赢的原则，不断优化和完善《数字素养》教材及其配套资源，推动课程建设与智慧在线学习平台的创新发展。我们期待，通过各方的共同努力，能够为全国数字素养教育事业贡献更多的智慧和力量，共同开创一个更加繁荣、包容、可持续的数字未来，为全面建成社会主义现代化强国提供强大的数字科技和人才支撑。

是为序！

周傲英

2024 年 9 月 5 日于上海

前 言

一、读者对象

本书适合作为普通高等本科高校和高职（高专）院校大学生提升数字素养，学习数字化转型、数字经济相关知识的教材或参考书，同时也适合作为数字经济、数字化转型等领域从业人员的参考书。

二、编撰目的

（一）厘清概念

撰写本书旨在帮助大学生们清晰地理解数据素养、数字经济和数字化转型等概念，避免混淆和误解；通过澄清这些概念，帮助大学生们构建数字经济时代的知识体系；在深入理解这些概念的基础上，激发学生们的新想法和新思路，推动数字经济领域的进步和发展。

（二）理顺逻辑

通过理顺概念之间的逻辑关系，确保知识传达的准确性和连贯性，帮助学生们理解数字经济、数字化转型的底层逻辑；展示知识间清晰的逻辑结构，帮助学生们快速构建知识间的相互关系，掌握学习内容，解决数字时代遇到的问题，为政策制定提供智力支撑。

（三）提高认知

提高数字经济时代的认知能力，帮助大学生们更好地筛选、理解和利用信息，从而更有效地处理信息经济；在数字经济时代，培养大学生良好的数字认知能力，快速适应新技术和新工具，保持个人和组织的竞争优势；帮助大学生们更好地理解和把握时代机遇，激发创新思维，推动个人和组织的创新发展。

（四）提升素养

随着第四次工业革命的发展，数字化已经渗透到我们生活的方方面面。通过本门课程的学习可以帮助大学生们更好地适应和应对数字化生活，从而更好地利用数字技术和工具；鼓励大学生们积极拥抱新时代，使他们能够更快捷、更准确地完成各项任务，为大学生们拓展更多的职业发展机会；通过运用数字思维，激发大学生们的创新和创造力，帮助他们更好地实现自己的创意和理想。

三、本书结构

本书内容结构如图 0-1 所示，主要由基础篇、技术篇和实践篇三部分组成。

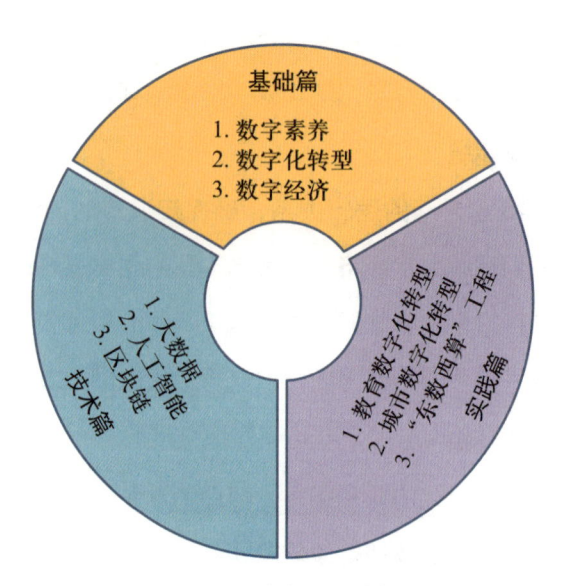

图 0-1 本书知识结构

四、配套资源

本书还配套课件、知识点视频、客观题习题解答等数字资源，读者可以扫码或从本书配套的课程网站获取。

五、致谢

本书撰写过程中得到了教育部"十四五"新兴领域规划教材项目的资助，也得到了贵州省教育厅教材编写委员会及省内外专家的具体指导和大力帮助。此外，参考文献中涉及的专家学者为我们提供了学习机会，在此一并致谢。华东师范大学贵州（大数据应用）研究院、数据科学与工程学院周傲英教授为本书的负责人，他确定了本书的编写思路、教材内容、体例和样式，并认真编写、审改了全部书稿，华东师范大学贵州（大数据应用）研究院、数据科学与工程学院高明教授，以及华东师范大学数据科学与工程学院钱卫宁教授、周烜教授、金澈清教授、毛嘉莉教授，贵州大学李晖教授参与了本书的编写。

由于时间仓促，作者水平有限，加之本书内容和形式上都没有之前的经验可以借鉴，书中内容可能挂一漏万，也难免存在错误和疏漏等不足之处，敬请读者不吝指正！

编　者

2024 年 9 月 4 日

致 读 者

关于使用本书提升数字素养，编者给出如下建议，希望对你有所帮助。

一、结合社会实践

学习数字素养要结合数字经济发展的实际情境和场景，通过实践和应用加深相关知识的理解。大学生们要结合贵州高质量发展全局，理解贵州在新时代西部大开发上闯新路、在乡村振兴上开新局、在实施数字经济战略上抢新机、在生态文明建设上出新绩（简称"四新"），把新型工业化、新型城镇化、农业现代化、旅游产业化作为主抓手（简称"四化"），思考如何围绕"四新"抓"四化"。

二、提高思维层次

数字素养课程涉及多个领域的知识，不仅要了解各个知识点，还要学会将它们融合，形成完整的知识体系；本书涉及的数字技术在快速更新迭代过程中，鼓励同学们主动探索新技术、新方法，培养创新思维和实践能力，培养解决问题的能力。通过学习数字素养，逐步培养系统性思维、创新思维和批判性思维等多方面的思维能力，更好地理解和应用数字技术，提高解决问题和创新的能力，从而提升整体的思维层次。

三、践行知行合一

在学习过程中，同学们需要及时将所学理论知识与贵州乃至我国数字化转型实践相结合，加深对知识的理解和掌握，促进知识转化、提升认知和思维能力，将我国数字经济实践经验与理论知识相结合，保持知行合一的态度，拓展自己的视野和思维。

四、保持终身学习

数字技术和数字经济领域日新月异，需要培养持续学习的意识，时刻保持学习的热情和动力，不断更新知识、学习新技能，适应社会和职场的需求变化；要设定明确的学习目标和规划，包括短期目标和长期目标，不断提升数字素养水平和技能；通过多种途径获取知识、增长技能，不断拓展学习领域，适应新技术和新需求，保持竞争力和适应能力。

编　者

2024 年 9 月 4 日

目 录

第一章 绪 论 ··· 001

一、时代背景 ··· 001
（一）百年大变局 ·· 001
（二）千载难逢 ··· 002
（三）新工业革命 ·· 003
（四）数字化转型 ·· 005

二、数字科技 ··· 007
（一）大数据 ··· 007
（二）人工智能 ··· 008
（三）区块链 ··· 009

三、数字化转型实践 ·· 009
（一）教育数字化转型 ··· 009
（二）城市数字化转型 ··· 010
（三）"东数西算"工程 ··· 011

四、贵州数字经济发展 ··· 012
（一）发展基础 ··· 012
（二）发展布局 ··· 012
（三）发展机遇与挑战 ··· 014

五、结束语 …………………………………………………… 015

本章习题 …………………………………………………… 016

第一篇　基础篇

第二章　数字素养 …………………………………………………… 020

一、从计算机技能到数字素养 …………………………………… 020
（一）"计算机的普及要从娃娃抓起" …………………… 020
（二）从人工智能发展看数字素养提升 ………………… 023

二、计算机科学教育 ……………………………………………… 027
（一）劳动教育属性 ……………………………………… 027
（二）科学教育属性 ……………………………………… 029
（三）思维教育属性 ……………………………………… 031

三、编程思维 ……………………………………………………… 033
（一）分而治之 …………………………………………… 034
（二）循序渐进 …………………………………………… 034
（三）试错迭代 …………………………………………… 036
（四）例外处理 …………………………………………… 038
（五）数字化转型中的编程思维 ………………………… 039

四、开源教育 ……………………………………………………… 040
（一）什么是开源软件 …………………………………… 040
（二）开源软件的发展 …………………………………… 041

（三）开源软件的意义 ·· 045

（四）开源教育的愿景 ·· 049

五、结束语 ·· 051

本章习题 ·· 053

第三章　数字化转型 ·· 056

一、概念的演变 ·· 056

（一）数字化转型 ·· 056

（二）数字化转型的历程 ·· 060

二、信息化 ·· 063

（一）信息化的发展历程 ·· 063

（二）互联网带来的变化 ·· 068

（三）汇流之后的信息化 ·· 069

三、数字化 ·· 071

（一）与信息化的根本差别 ··· 071

（二）本质是数据化和数智化 ·· 071

四、数字化转型的实现路径 ··· 073

（一）数字化转型是自我革命 ·· 073

（二）互联网 + ··· 073

（三）人工智能 + ·· 074

（四）数字化转型的实现路径 ·· 075

五、结束语 ·· 076

本章习题 ·· 077

第四章　数字经济 …………………………………………… 080

一、概念的演变 ……………………………………………080
（一）早期的数字经济 ………………………………… 080
（二）数字经济成为共识 ……………………………… 082
（三）数字经济解读 …………………………………… 082
（四）数字经济形态 …………………………………… 084

二、新的能源动力推动经济形态改变 ……………………085
（一）人类经济形态的演进 …………………………… 085
（二）新的能源动力是根本原因 ……………………… 088
（三）新的经济形态决定新的世界格局 ……………… 089

三、新质生产力是数字经济的前提 ………………………092
（一）马克思主义的生产力理论 ……………………… 092
（二）人类历史上生产力的发展 ……………………… 093
（三）新质生产力的基本特征 ………………………… 094
（四）发展新质生产力的路径 ………………………… 096

四、我国发展数字经济的优势 ……………………………098
（一）"人民至上"理念指引下的实践 ……………… 098
（二）传统经济的数字化转型 ………………………… 099

五、结束语 …………………………………………………101

本章习题 ……………………………………………………101

第二篇　技术篇

第五章　大数据 ······ 106

一、数据是新的生产要素 ······ 106
（一）什么是生产要素 ······ 107
（二）数据的生产要素化 ······ 109

二、认识数据 ······ 110
（一）认识的转变 ······ 110
（二）数据驱动互联网 ······ 112
（三）数据驱动人工智能 ······ 113
（四）数据驱动科学发现 ······ 115
（五）数据驱动物联网的发展 ······ 119

三、数据在数字经济中的作用 ······ 121
（一）数据是新的能源 ······ 121
（二）新能源催生新经济 ······ 124

四、结束语 ······ 126

本章习题 ······ 127

第六章　人工智能 ······ 130

一、人工智能时代 ······ 130
（一）人工智能极简史 ······ 130

（二）人工智能高速发展的重要事件 ·············· 134
　　（三）人工智能高速发展的典型特征 ·············· 139

二、人工智能范式 ································· 140
　　（一）知识驱动的范式 ························· 140
　　（二）数据驱动的范式 ························· 141
　　（三）数据与知识双驱动的范式 ··················· 141

三、新的科技革命 ································· 142
　　（一）数据智能 ···························· 142
　　（二）新的经验主义 ························· 144
　　（三）技术倒逼科学 ························· 146

四、人工智能与产业发展 ···························· 150
　　（一）人工智能是工具 ························ 150
　　（二）人工智能产业发展 ······················ 151

五、结束语 ···································· 153

本章习题 ···································· 154

第七章　区块链 ································· 157

一、三个里程碑事件 ······························ 157
　　（一）事件一：区块链横空出世 ··················· 157
　　（二）事件二：共享单车风靡神州 ·················· 159
　　（三）事件三：区块链同频共振 ··················· 159

二、共享单车 ··································· 161
　　（一）新四大发明 ·························· 161

（二）共享单车的意义 ·· 162
　　（三）分享经济 ·· 164
三、信任体系 ·· 165
　　（一）基于血缘/地缘的信任 ······································ 165
　　（二）基于价值的信任 ·· 166
　　（三）基于信用的信任 ·· 167
　　（四）用数据和数学构建信任 ···································· 168
四、区块链结构解析 ·· 169
　　（一）链式数据结构 ·· 169
　　（二）区块链的缘起 ·· 170
　　（三）技术典范 ·· 171
　　（四）记录信任关系 ·· 172
五、信任数据库 ·· 172
　　（一）区块链是数据库软件 ·· 172
　　（二）数据库是传统的金融科技 ································ 173
　　（三）数据库技术演进 ·· 174
　　（四）数据库哲学：抽象 ·· 175
　　（五）区块链的黄金发展期 ·· 175
六、结束语 ·· 176
本章习题 ·· 176

第三篇　实践篇

第八章　教育数字化转型 ································· 182

一、对教育信息化和教育数字化的理解················· 182
（一）教育信息化 ································· 182
（二）教育数字化转型的内涵与外延 ················ 190
（三）在线学习是教育数字化转型的重要途径 ········· 194
（四）教育数字化转型的重要意义 ·················· 196

二、数据赋能和科技助力在教育中的作用··············· 198
（一）数据赋能的概念与核心理念 ·················· 198
（二）数据对教育决策和教学质量提升的赋能 ········· 199
（三）数智技术助力教育的发展 ···················· 202

三、教育科技的核心要素和发展趋势··················· 210
（一）教育科技的 ABCDE　 ························ 210
（二）教育科技的发展趋势 ························ 213

四、结束语 ····································· 217

本章习题 ······································· 217

第九章　城市数字化转型 ································· 220

一、治理挑战与城市数字化························· 220
（一）城市治理面临的挑战 ························ 220

- （二）时空视角下的城市脉络 …………………………………… 221
- （三）城市数字化的过程 ………………………………………… 223
- （四）城市数字化的历程 ………………………………………… 224

二、数据要素赋能城市治理 ……………………………………… 225
- （一）城市数据要素化 …………………………………………… 225
- （二）数据驱动的城市治理路径 ………………………………… 226
- （三）未来的数字城市治理趋势 ………………………………… 227

三、我国城市数字化转型的创新实践 …………………………… 229
- （一）智慧政务 …………………………………………………… 229
- （二）智慧交通 …………………………………………………… 230
- （三）智慧出行 …………………………………………………… 234
- （四）智慧物流 …………………………………………………… 238

四、结束语 …………………………………………………………… 241

本章习题 ……………………………………………………………… 242

第十章 "东数西算"工程 ……………………………………… 244

一、"东数西算"工程 ……………………………………………… 245
- （一）缘起与影响力 ……………………………………………… 245
- （二）算力枢纽全国布局 ………………………………………… 246
- （三）"东数西算"工程的必要性 ……………………………… 246

二、比拟性解读 ……………………………………………………… 250
- （一）"南水北调"工程 ………………………………………… 250
- （二）"西电东送"工程 ………………………………………… 251

（三）"西气东输"工程 ………………………………… 252
三、逻辑性解读 ……………………………………………253
　　（一）过去对数据的认识 …………………………………253
　　（二）现在对数据的认识 …………………………………254
四、给贵州带来的发展机遇 …………………………………255
　　（一）"东数西算"工程中对贵州的定位 ………………257
　　（二）贵州数字化转型的机遇 ……………………………257
　　（三）贵州算力发展现状 …………………………………258
　　（四）贵州算力发展路径 …………………………………260
五、结束语 …………………………………………………264
本章习题 ……………………………………………………264

第一章 绪 论

> **导读**
>
> 本章主要介绍本教材需要学习的内容，包括数字素养、数字化转型、数据经济等概念，以及数字科技、数字化转型实践等内容，概要介绍本书的主题和结构。

一、时代背景

（一）百年大变局

当前，国际格局和国际体系正在经历前所未有的深刻调整，全球治理体系正在发生深刻变革，同时，国际力量对比正在发生近代以来最具革命性的变化。习近平总书记对此作出了精辟的论述，明确指出我们正处于"百年未有之大变局"。

在此大变局时代，全球发展呈现出一系列新特征新表现。首先，世界经济重心正加快"自西向东"转移，呈现多元化模式。其次，新一轮科技革命和产业变革正在深刻地重塑着世界的面貌。最后，新兴经济体和发展中国家的国际影响力日趋增强，国际力量的对比变得更加均衡。

随着这些变化，全球治理体系也在逐步向更加公正合理的方向发展，话语权越来越多地向发展中国家倾斜。这不仅促进了全球治理的民主化，也为世界文明的多样性提供了更广阔的展示舞台。在这样的背景下，世界各国正日益展现出开放包容的姿态，多元文化的互鉴与交流成为新时代的主旋律。

（二）千载难逢

当前，我国发展仍处于重要战略机遇期，新时代我国迎来了从站起来、富起来到强起来的飞跃，这是有利条件；我国作为发展中大国，必然会遭到守成大国的全面遏制，这是不利条件。可以预见的是，这种遏制将是长期的、高压的，并不以我们的意志为转移，一旦应对不好就会延误甚至中断中华民族伟大复兴的历史进程。

面对世界百年未有的时代大变局，我国在深刻认识国际格局演变与民族复兴、现代化强国目标的叠加性、同步性、长期性的基础上，自主提出了正确义利观、全球治理观、全人类共同价值、三大全球倡议、人类命运共同体等理念，并深入参与现有国际机制和国际制度的治理与建设，提供构建新型国际关系和更加公正合理的国际秩序等中国方案。

在大变局时代，我国要把握科技创新这一关键变量。中华民族伟大复兴向科技创新要答案，在危机中育先机、于变局中开新局。

思 考

为什么说"科技创新"是大变局时代的关键变量？

（三）新工业革命

从生产力发展对经济社会发展全局的影响来看，人类经历了三次工业革命，目前正迎来第四次工业革命（见图1-1）。

第一次工业革命，开始于18世纪60年代，以蒸汽机为标志，出现了最早的火车、汽车，实现了用机器代替人力，人类至此进入了蒸汽时代；第二次工业革命，开始于19世纪60年代，以电的发明为标志，出现了电灯、电话、电器，人类进入了电气化时代；第三次工业革命，开始于20世纪四五十年代，以计算机和通信技术为标志，出现了电脑、互联网，人类进入信息时代。一次次颠覆性的科技革命带来社会生产力的大解放和生活水平的大跃升，从根本上改变了人类历史的发展轨迹。

当前，人类正在迎来第四次工业革命。第四次工业革命来自达沃斯世界经济论坛主席克劳斯·施瓦布的《第四次工业革命——转型的力量》（*The Forth Industrial Revolution*），他在该书中指出，整个世界正处于"第四次工业革命"的初期：生产方式、消费方式和关联方式正在物质世界、数字世界与人类自身相融合的驱动下，发生根本性转变。

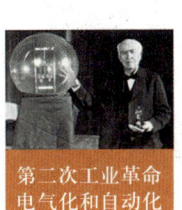

图1-1 人类的四次工业革命

事实陈述

克劳斯·施瓦布教授在2016年推出著作《第四次工业革命——转型的力量》，令人信服地解释了第四次工业革命的到来。该书已经被翻译成了30多种语言版本，成为政府与企业抓住第四次工业革命机遇的参考书（见图1-2）。

克劳斯·施瓦布的名字是和世界经济论坛联系在一起的。他于1971年创立"欧洲管理论坛"，1987年，"欧洲管理论坛"更名为"世界经济论坛"。论坛的年会每年1月底在瑞士的达沃斯召开，故世界经济论坛也被称为"达沃斯论坛"。

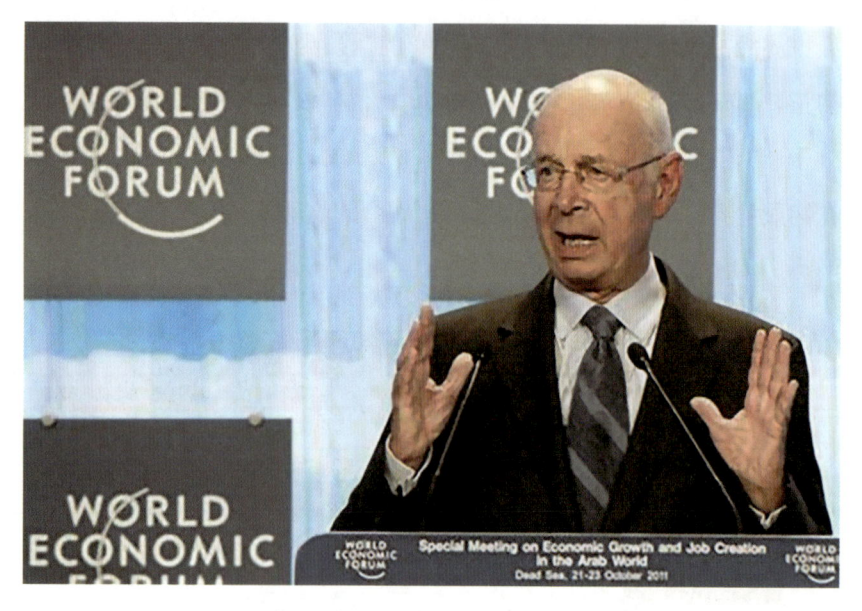

图1-2 达沃斯世界经济论坛主席克劳斯·施瓦布

第四次工业革命不同于以往历次工业革命。以往的工业革命都以具体生产工具为标志，而第四次工业革命不以具体生产工具为标志，而是智能化革命，以信息技术、基因技术、新材料技术、新能源技术、虚拟现实等为代表，实现生产生活全面的智能化，使经济社会的发展方式出现重大变革。

思 考

能否结合学习与生活实际，谈谈第四次工业革命如何改变我们的生产方式、消费方式和关联方式？

（四）数字化转型

第四次工业革命是由于新一代信息技术领域的重大突破，引领国民经济的产业结构发生了重大变化，从而使得经济社会等方面出现崭新面貌。理解第四次工业革命，首先要理解以大数据、人工智能、区块链、云计算、5G、物联网等为代表的新一代信息技术是如何驱动产业革命的。

微视频 1-1："转型"的含义

表 1-1　全球领军企业排名

排名	时间			
	1990 年	2000 年	2010 年	2019 年
1	日本电信电话公司（日本）	微软（美国）	中国石油（中国）	微软（美国）
2	东京三菱银行（日本）	通用电气（美国）	埃克森美孚（美国）	苹果（美国）

续表

排名	时间			
	1990年	2000年	2010年	2019年
3	日本兴业银行（日本）	NTT Docomo（日本）	微软（美国）	亚马逊（美国）
4	三井住友银行（日本）	思科（美国）	工商银行（中国）	Alphabet（美国）
5	丰田汽车（日本）	沃尔玛（美国）	苹果（美国）	伯克希尔哈撒韦（美国）
6	日本富士银行（日本）	英特尔（美国）	必和必拓（澳大利亚）	脸书（美国）
7	日本第一劝业银行（日本）	日本电信电话公司（日本）	沃尔玛（美国）	阿里巴巴（中国）
8	IBM（美国）	诺基亚（芬兰）	伯克希尔哈撒韦（美国）	腾讯（中国）
9	日本联合银行（日本）	辉瑞公司（美国）	通用电气（美国）	强生（美国）
10	埃克森美孚（美国）	德国电信（德国）	中国移动（中国）	埃克森美孚（美国）

如表 1-1 所示，不妨从全球领军企业（市值排名前 10）来看产业发展的趋势。1990 年，全球领军企业还集中在石油、汽车、银行等传统行业；而到了 2019 年，全球企业市值前 10 名基本上是互联网企业。这一变化趋势告诉我们，第四次工业革命正悄然来临，数字经济将成为新的主要竞争领域。进一步聚焦世界互联网企业，2019 年全球市值排名前 20 的企业中，美国有 13 家，中国有 7 家，体现了中美两国在数字经济领域上的激烈竞争。而这一领域的竞争不仅仅体现在企业市值上，还包括在技术创新、市场占有率、国际标准制定等诸多方面。目前中国在数字经济领域的发展速度非常迅速，特别是在

电子商务、移动支付(见图1-3)、人工智能等方面取得了显著成绩,这使得中美两国在数字经济领域的竞争变得越来越激烈。

图1-3　移动支付

数字化、网络化、智能化是数字经济的发展方向,将推动制造业、服务业、农业等产业的数字化。因此,我国要牢牢把握住新一轮科技革命和产业变革的发展机遇,加快推动各行各业的数字化转型。

二、数字科技

(一)大数据

数据已成为比土地、劳动力、资本、技术等传统生产要素更为重要的生产资料和生产要素,利用大数据可以构建社会数字资产,以资

微视频 1-2：
如何理解
"大数据"

源化、资产化的思路构建数据模型，建立可以快速使用的数据资产体系，运用数据思维发现数据的商业价值，最终实现数据驱动业务、数据支撑决策，使得数据成为一种新的产品，重构商业模式，推动产业从资本密集、人力密集向数据密集转变。

（二）人工智能

人工智能技术及其应用可以整合社会的各种系统和服务，提升资源利用的效率、优化社会管理和服务，如图 1-4 所示，人脸识别、语音识别与合成、机器人等人工智能技术和应用正在改变我们的生产和生活方式。比如，AlexNet（一种深度卷积神经网络）实现了图像处理的工业化，使得人脸识别技术在各类应用场景中被广泛应用；OpenAI 的 ChatGPT、阿里的通义千问、百度的文心一言等人工智能大模型实现了自然语言的工业化，使得智能客服、在线问答等应用遍地开花。面向新的应用场景，将人工智能技术与行业知识融合后，通过人工智能算法，实现各领域应用的机理模型、知识模型、物理模型与数据模型的深度融合，可实现跨界创新和智能服务。

微视频 1-3：
人工智能的
历史

(a)　　　　　　　　(b)

图 1-4　人脸识别闸机和智能客服

(三)区块链

区块链通过数据和数学模型建立新的信任机制,带来生产关系的改变,为不同参与主体、不同行业的可信数据交互提供有效的技术支撑,优化传统应用和产业的结构。发挥区块链在促进数据共享、优化业务流程、提升协同效率、建设信任体系等方面的作用,推进数字经济模式创新,为实现各行业供需有效对接提供服务。推动区块链底层技术服务和各类应用场景相结合,加快区块链在信息基础设施、智慧交通、供应链等领域的推广应用,建立人或机构间的信任关系,让基于互联网的数据共享和网络交流变得更真实(图1-5)。

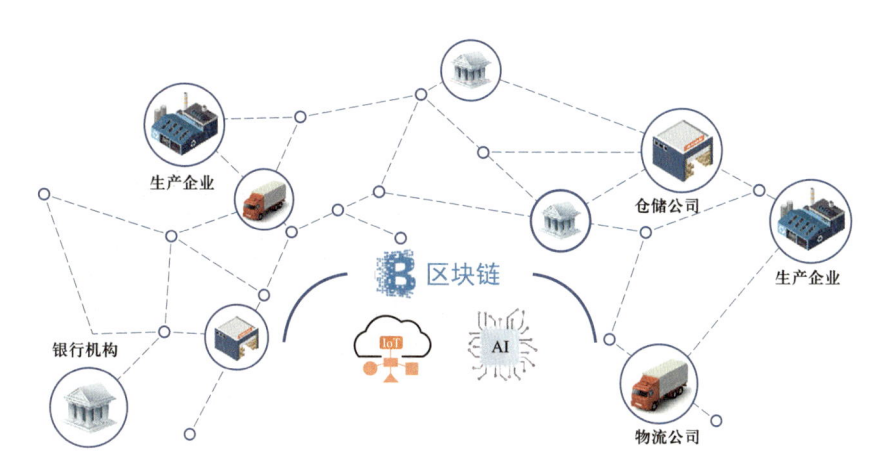

图1-5 基于区块链的供应链示意图

三、数字化转型实践

(一)教育数字化转型

当今世界,科技进步日新月异,互联网、云计算、大数据等现代信息技术深刻改变着人类的生产、生活及学习方式,开辟了广阔的发展前景。由信息技术发展推动的教育变革和创新,是各个国家共同面临的重大课题。

回顾历史,每一轮科技革命都会给人类文明及教育形态带来革命性影响。造纸术、印刷术将知识传播到更广泛的人群(见图1-6),工业革命促进大学教育体系的建立。新一代数字技术迅猛发展和日益普及,对教育新形态和学习型社会建设提出了新的要求,提供了新的支撑。当前,教育理念和教育体系中的一些教学内容和教学手段与数字时代发展要求相比还有较大的差距,教育领域的一些痛点难点问题有待进一步解决。推进教育数字化,以数字技术为教育赋能,有利于各级各类教育高质量发展。

图1-6 中国古代的造纸术与活字印刷

(二)城市数字化转型

城市数字化转型是一个全新课题和系统工程,旨在疏导城市经济社会运行中的堵点,提高城市资源配置效率,丰富城市现代化治理手段,打造面向未来的城市核心竞争力。

近年来,我国智慧城市建设快速发展并取得了阶段性突破,同时也面临城市一体化规划建设不足、产业与城市发展协同不够等问题。此外，伴随人工智能等数字技术的快速发展，数据要素价值日益凸显，在数字化与城市经济社会各领域深度融合的过程中，将驱动我国城市建设迈向"体系重构、质效提升"的数字化转型新阶段（见图1-7）。

图1-7 智慧城市示意图

（三）"东数西算"工程

数据如同农业时代的马力、工业时代的电力，已成为数字经济发展的核心生产力，是国民经济发展的重要基础设施。"东数西算"工程通过构建数据中心、云计算、大数据一体化的新型算力网络体系，为发挥数据价值提供了底层算力支撑。

算力网是支撑数字经济高质量发展的关键基础设施。作为算力网的组成部分，目前我国大多数的数据中心分布在东部地区，在土地、能源等资源紧张的形势下，在东部大规模发展数据中心已经难以为继。而我国西部地区资源充裕，特别是可再生能源丰富，具备发展数据中心、承接东部算力需求的潜力。实施"东数西算"工程，推动数据中心合理布局、优化供需、绿色集约和互联互通，有利于提升国家整体算力水平，实现算力的规模化、绿色化及集约化。

思 考

"东数西算"重大工程给贵州带来的影响有哪些？

四、贵州数字经济发展

（一）发展基础

"十三五"时期，贵州省坚定不移实施大数据战略行动，扎实推进首个国家大数据综合试验区、贵阳贵安大数据产业发展集聚区、贵阳大数据产业技术创新试验区建设，获批建设45项国家级大数据相关试点示范，数字经济增速连续8年位居全国前列。大数据成为引领贵州经济社会发展的新引擎与世界认识贵州的新名片。

（二）发展布局

贵州以贵阳贵安为核心，统筹区域发展和空间布局，引导省内其他地区错位互补、协同发展，形成数字经济产业发展新格局。

贵州强力落实"强省会"行动部署，立足贵阳贵安大数据产业的特色优势，坚持"高端化、绿色化、集约化"的要求，将贵阳贵安打造成为引领全省、辐射周边、示范全国的大数据产业发展示范区，重点打造数据中心产业集群、智能终端产业集群、数据应用产业集群等三个主导产业集群。

贵州以贵阳贵安数据中心产业集聚发展为牵引，联动智慧黔南云计算中心和 FAST 数据中心（见图 1-8）、黔西南数据灾备中心等算力基础设施，打造集算力服务、数据服务及数据中心产业生态于一体的"数据存算服务产业带"；以遵义、铜仁为重要节点，紧密衔接成渝地区双城经济圈，重点发展智能终端、物联网、北斗应用、平台经济等，打造"数字产业创新发展带"。

图 1-8　座落于贵州的 FAST（中国"天眼"）

安顺、毕节、六盘水、黔东南等市州立足本地资源禀赋、区位条件和产业基础，市州间错位互补、协同发展，充分整合各地优势资源，培育壮大电子信息制造业、新一代信息技术产业、电子商务等产业，促进重点区域与周边区域间的协同发展，加快发展县域数字经济，不断提升全省数字经济承载能力，实现区域均衡协调发展。

（三）发展机遇与挑战

在大变局时代，随着新一轮科技革命和产业变革的深入发展，国际环境日趋复杂，不稳定性、不确定性明显增加。站在"两个一百年"奋斗目标的历史交汇期，贵州数字经济发展机遇与挑战并存。

1. 机遇

"十四五"伊始，习近平总书记在视察贵州时作出"在实施数字经济战略上抢新机"的重要指示，要求贵州着眼于形成新发展格局，推动大数据与实体经济深度融合，培育壮大战略性新兴产业，加快发展现代产业体系，为贵州数字经济发展指明了方向。在国家的这一战略规划下，贵州作为首个大数据综合试验区，将进一步抢抓发展机遇，加快推进数字产业化、产业数字化，以数字化转型整体驱动生产方式、生活方式和治理方式变革。

目前，我国正处于以国内大循环为主体、国内国际双循环相互促进的新发展格局中，"一带一路"、新时代西部大开发、长江经济带、西部陆海新通道建设等国家战略持续推进，扩大内需、加强区域协作成为"十四五"时期的重要发展趋势。作为"一带一路"、长江经济带的重要节点和西部陆海新通道枢纽，贵州数字经济在承接东部地区产业转移、产业资源配置、重大项目布局等方面将迎来更广阔的发展空间。

国家有关数据要素市场培育政策文件陆续出台，数据对推动数字经济发展的"乘数效应"明显提升。贵州发展数据中心，汇集了海量数据，建设全国首个大数据交易所，率先开展数据资源开发利用试点探索，发挥贵州数据资源集聚优势，加快建设全国一流的数据要素集聚开发基地及数据流通市场，将进一步拓展贵州的数字经济发展空间。

思 考

数据要素对数字经济发展的"乘数效应"体现在哪些方面？

2. 挑战

贵州虽然是首个国家大数据综合试验区，具有先发优势，实现了以大数据为代表的数字经济快速发展，但沿海发达区域及相邻省市正加速数字经济发展布局，其产业基础、市场空间、资本、人才等累积优势正进一步夯实。河北省（雄安新区）、福建、广东、浙江、重庆、四川等6个区域分别获批国家数字经济创新发展试验区，对数字经济发展资源要素的虹吸效应进一步加强，贵州大数据的先发优势及对优质资源的吸引力或将弱化。

五、结束语

在大变局时代，由于数字科技的快速发展，数字化全方位重构了社会空间，改变了经济社会的各个领域和各个角落，包括教育、医疗、城市管理、金融等。在数字经济时代，数字素养已成为数字化社会公民的核心素养，是公民赖以生存的基本能力，是 21 世纪劳动者和消费者的首要技能。提高数字素养既有利于数字消费，也有利于数字生产，是数字经济的关键要素和重要基础。

本章习题

一、单选题

1. 第四次产业革命的标志性技术有（　　）。
    A. 蒸汽机 B. 电力
    C. 智能技术 D. 以上所有选项

2. 下列（　　）不是第四次产业革命的特点。
    A. 生产方式的智能化
    B. 信息技术的融合
    C. 传统生产工具的单一使用
    D. 经济社会发展方式的变革

3. 大数据在当今时代被视为（　　）。
    A. 传统生产要素 B. 新的生产要素
    C. 非生产要素 D. 次要生产要素

4. 人工智能技术可以应用于（　　）。
    A. 工业生产 B. 社会管理和服务
    C. 娱乐活动 D. 以上所有选项

5. 区块链技术的主要作用是（　　）。
    A. 增加数据存储成本 B. 建立新的信任机制
    C. 降低数据共享效率 D. 阻碍业务流程优化

6. 教育数字化转型的目标是（　　）。

　　A. 减少教育投资

　　B. 提高教育质量

　　C. 限制教育资源的获取

　　D. 降低教育普及率

7. 城市数字化转型的目标是（　　）。

　　A. 降低城市资源配置效率

　　B. 丰富城市现代化治理手段

　　C. 阻碍城市经济社会发展

　　D. 减少城市竞争力

8. 贵州大数据产业发展的示范区是（　　）。

　　A. 遵义　　　　　　　　　B. 贵阳贵安

　　C. 六盘水　　　　　　　　D. 黔东南

二、填空题

1. 区块链通过数据和数学模型建立_____机制。

2. 贵州数字经济发展的基础是"十三五"时期坚定不移实施_____战略行动。

3. 贵州大数据产业发展的示范区是_____，重点打造_____产业集群、_____产业集群、_____产业集群等三个主导产业集群。

4. "东数西算"工程有利于提升国家整体_____水平，实现算力的规模化、绿色化、_____。

5. 贵州发展数据中心，汇集了海量数据，建有全国首个_____交易所。

6. 在数字经济时代，_____已成为数字化社会公民的核心素养，是公民赖以生存的基本能力。

三、简答题

1. 阐述第四次产业革命的主要特征及其对经济社会发展的影响。
2. 简述数字化转型在推动经济社会发展中的作用和重要性。
3. 解释数据要素市场的发展对贵州数字经济的影响。
4. 为什么说提高数字素养是数字经济的关键要素和重要基础？
5. "东数西算"工程如何推动数据中心合理布局和优化供需？

第一章
参考文献

第一章
选择题和填空题
答案

第一篇

基 础 篇

　　数字素养、数字化转型和数字经济是数字时代最重要的概念，将促进个人、组织和整个社会的发展和进步，推动经济社会高质量发展。基础篇从数字素养、数字化转型和数字经济三个概念出发，厘清概念，理顺逻辑。通过深入理解这三个概念，更好地帮助大学生们适应和把握数字化时代的机遇和挑战。

第二章　数字素养

导读

计算机技术发展和数字化转型具有典型的"应用驱动创新"的特点。当前人工智能技术的发展和数字化大潮要求计算机教育超越技能的教学，实现数字素养的培养。本章将讨论数字素养培养的计算机科学教育内涵，讨论其劳动教育、科学教育和思维教育属性，还将讨论编程思维的内容和意义，以及作为实现计算机科学教育重要路径的开源教育的意义和愿景。

一、从计算机技能到数字素养

（一）"计算机的普及要从娃娃抓起"

事实陈述

1984年，在上海微电子技术及其应用汇报展览会上，几个少年正在电脑前为观众进行演示，13岁的李劲也是其中之一。

一位老人走到他身后停住脚步，微笑地看着李劲熟练地操作，这位老人就是到上海视察的邓小平同志。其间，邓小平同志和蔼而坚定地说道："计算机的普及要从娃娃抓起。"这也表明邓小平同志已经预见到，信息产业发展的广阔前景和在经济发展中举足轻重的地位，也给中国刚刚起步的计算机普及教育指明了方向。

1984年，我国正处在信息技术高速发展、各类计算机应用广泛普及的重要时期。在国际上，1983年微软公司首次发布了Windows操作系统。在随后不到十年时间里，Windows操作系统伴随个人计算机的爆炸式增长，几乎垄断了桌面操作系统市场。1983年微软公司还发布了包括Word for MS-DOS 1.0、BASIC解释器1.0等一系列产品。事后来看，这些产品都成为个人计算机普及以及信息化大潮爆发的标志性软件。

和国际上的个人计算机大规模走进办公室和家庭不同，当时国内信息技术和产业还没有渗透到各行各业，正处于酝酿及爬坡阶段。同样在1983年，中国科学院计算技术研究所研制的GF20/11A汉字微计算机系统通过了鉴定，这是我国第一台在操作系统核心部分进行改造的汉字系统，并配置了汉化的关系数据库。1983年12月，国防科技大学成功研制了我国第一台亿次巨型电子计算机"银河－I"，运算速度达到每秒1亿次以上，标志着我国计算机科研水平达到了一个新的高度。同年，电子工业部第六研究所研发了长城-100（DJS-0520）

微机，这是我国第一台个人计算机（图 2-1）。随后，在 1984 年，国务院成立电子振兴领导小组，时任国务院副总理李鹏任组长。

图 2-1　长城 -100（DJS-0520）微机

当时的中国正处于宏大的信息化浪潮的前期，邓小平同志提出了"计算机的普及要从娃娃抓起"，希望能够从孩子开始培养一大批能够适应信息化社会、掌握计算机技术的信息化人才，助力我国信息科技产业的发展。

"计算机普及"的指导思想，以及我国从 1970 年代开始在高校逐步普及计算机科学与技术专业教育，为我国信息化发展解决了人才基础的问题。如今，信息科技早已是我国义务教育阶段的必修课程；计算机教室和互联网在中小学基本达到了全覆盖；信息技术和计算机课程覆盖了基础教育、职业教育、高等教育的所有学生；大学计算机类专业点个数和学生人数逐年增加。可以说，经过改革开放40多年的发展，青少年的计算机普及教育已经实现。

（二）从人工智能发展看数字素养提升

2021年，中共中央网络安全和信息化委员会办公室（简称为"中央网信办"）发布了《提升全民数字素养与技能行动纲要》，提出要顺应数字时代要求，提升国民素质、促进人的全面发展；实现从网络大国迈向网络强国；弥合数字鸿沟、促进共同富裕。

文件2-1：《提升全民数字素养与技能行动纲要》

在全社会大范围开展计算机普及教育的基础上，进行全民数字素养与技能提升计划，这背后既有一以贯之的思路，也有新时代下不同的需要。

近年来，由于社会对具备计算机技能人才的迫切需求，加之计算机相关岗位通常享有较高的薪资待遇，计算机类专业一直稳居最受学生青睐和热衷报考的专业之列。在公众的认知中，计算机类专业最直接的印象是与编写代码紧密相关。2021年，拥有世界上最大的代码托管网站和开源社区的GitHub公司推出了基于人工智能的代码自动补全工具GitHub Copilot（副驾驶）。这一工具的能力远远超出了传统工具，不仅能辅助程序员进行编程，在一定范围内还可以代替程序员完成大量的编程工作。因此，这一工具一经推出，马上引起了"人工智能将会代替程序员""在不久的将来，程序员会大量下岗""计算机专业将成为'夕阳专业'"的热烈讨论。

📖 事实陈述

　　GitHub Copilot 是由微软旗下代码托管平台 GitHub 推出的和 OpenAI 联合研发的一种基于人工智能技术的代码自动补全工具，于 2021 年 6 月发布。它能够在多种流行的软件集成开发环境中支持 Python、JavaScript 等编程语言的自动补全。GitHub Copilot 的功能远远超出了通常只能提供简单的语法检查、函数/类/参数名称和类型提示等辅助能力的传统的代码自动补全工具。它提供的功能包括：根据代码注释生成完整的可运行代码，自动补全代码块、重复的代码，以及整个方法或函数等。

💡 思 考

　　人工智能时代还需要学习编程吗？

　　在人工智能高速发展的今天，我国从 20 世纪 80 年代开始的轰轰烈烈的计算机普及教育已经过时了吗？当下，从计算机普及进化到数字素养提升，这背后的原因是什么？回答这些问题，需要理解人工智能发展背后的逻辑。

　　1956 年达特茅斯会议之后，人工智能一般被理解为"Artificial Intelligence"，缩写为 AI。不过在业内有一个观点认为，当前真正在应用中起作用的是"Automated Intelligence",也就是"自动智能",它的缩写也是 AI。它指的是根据数据"学习"而获得的模型。在传统人工智能领域被深入研究的"符号学派"和很多基于规则的人工智能方法都并不属于自动智能。

在过去近十年时间里,吸引公众视线且对各个领域产生重大影响的人工智能应用突破都属于自动智能这一范畴。比如,计算机程序 AlphaGo 在围棋领域的异军突起是基于人类棋谱和机器自动对弈棋谱数据所构建的自动学习估值网络(value network)和策略网络(policy network);而 GPT(Generative Pre-trained Transformer,生成式预训练转换器)在人机对话和问答方面的成就则来自于基于海量语料构建的"Transformer 模型";前文提到的 GitHub Copilot 则得益于 GitHub 这一包含超过 1 亿开发人员、1.9 亿个代码库(其中包括至少 2800 万个开源代码库)的世界上最大的代码托管网站和开源社区所积累的极高质量的代码数据。

关于人工智能更深入的讨论留到第六章再展开。这里,读者需要注意数据在当今人工智能发展中的重要性,以及人工智能作为工具的重要性。

计算机从诞生伊始就是作为重要的工具而存在的。在数据处理、情报分析和检索、流程自动化、工业控制等应用,计算机取得了突出的成效,替代了大量之前需要人工进行的工作,发挥了巨大的价值,也拓展了一大批原先人工无法应对的应用场景,涌现出了大量的新产业和新工作岗位。从这个角度看,今天的 AI 和历史上的计算机应用并没有本质的不同,区别仅仅在于替代的人工任务种类更广及更新迭代的速度更快。

同样，从这个角度看，程序员特别是从事功能类似、代码重复的软件开发工作的，他们的岗位被人工智能所替代是大势所趋。但是从另一个角度看，一方面，当前使用人工智能工具的用户仍然需要一定的专业知识，特别是所从事的领域和人工智能原理这两方面的专业知识；另一方面，各领域的人工智能基础模型和工具并不是"太多"，而是"太少"，各领域迫切需要研发新的、高质量的、能够适配应用需要的基础模型和大量工具。以上两方面都表明，社会需要大量契合这个时代特点的新的计算机人才，这些人未必是传统意义上的程序员，但是他们必须具备"数字素养"。

概念

数字素养是数字社会公民学习工作生活应具备的数字获取、制作、使用、评价、交互、分享、创新、安全保障、伦理道德等一系列素质与能力的集合。

全球主要国家和地区把提升国民数字素养与技能作为谋求竞争新优势的战略方向，纷纷出台战略规划，开展面向国民的数字技能培训，提升人力资源质量。党的十八大以来，以习近平同志为核心的党中央作出建设网络强国、数字中国战略决策，加快建设完善数字基础设施，不断提高数字经济、数字社会、数字政府发展水平，持续增强人民群众获得感。同时，也存在顶层设计缺失、数字鸿沟较大、资源供给不足、培养体系尚未形成、数字道德规范意识有待增强等问题，亟须加大工作力度，完善政策措施，整体提升全民数字素养与技能水平。

数字素养的内涵丰富，其本质和基础是对计算机乃至于人工智能运行逻辑的理解，以及以此为出发点的思维方式和应用能力。换言之，数字素养与技能的提升，是计算机普及的高级阶段，其中计算机知识的传授尚在其次，而思维方式和实践能力的培养更为重要。

二、计算机科学教育

（一）劳动教育属性

事实陈述

2016年1月，时任美国总统的奥巴马在美国启动了名为"全民计算机科学（Computer Science for All，简称 CSforAll）"的计划，旨在让从幼儿园到高中的所有美国学生都能学习计算机科学，并掌握所需的计算思维与技能，使他们成为数字经济中的创造者，而不仅仅是消费者，成为技术驱动的世界中的数字公民，因为计算机科学是经济机会和社会流动所必需的"新基本"技能。

从某种程度来说，美国 CSforAll 计划的工作内容介于之前提到的"计算机普及"和"全民数字素养与技能"提升之间。虽然，CSforAll 计划诞生于2016年，没有包含涉及人工智能以及随之而来的一系列

微视频2-1：
全民计算机
科学教育

应对社会变革和新兴产业需要的工作内容，但它的一个重要的出发点是用计算机科学的思维与技能助力人们适应新时代的生存和发展，成为"数字经济中的创造者，而不仅仅是消费者"。

劳动者可能是我们更熟悉的一个词，它可以用来替换上面提到的"创造者"。

概念

劳动（labour），指的是一类人类有意进行的活动。不论是在哪一种社会体系中，劳动一般有以下几种目的：

1. 个人以及社会（作为个人的集合）劳动来生产和制造其所需要的生活资料，以及满足其需要。

2. 劳动作为保证或改善劳动的人或其家庭成员、朋友、团体、集团或阶级的社会地位的手段。

3. 参加创新、文化和艺术创造的过程，参加科学知识的领会和发现，参加对政治或社会的改革。

计算机科学教育是一种劳动教育，它以计算机科学与技术为载体和切入点，系统性地训练学生在人工智能时代用信息技术解决实际问题的思维方式，培养学生熟悉和理解应用、进行数学建模、收集数据、并进行系统实现的能力，激励学生通过自己的努力和付出，解决对于社会和经济发展及人民生活有益的实际应用问题。

教授计算机科学的最佳方式是让学生在学完原理以后立即动手实

践，编写程序验证自己的想法。编写程序既是一项体力劳动，更是一项脑力劳动，其中包括非常重要的抗挫折教育。编写程序是一个创造、评估、调试和改进，然后再评估、再调试和再改进的迭代过程。在这个过程中，学生可能会多次遇到困难，需要学生克服烦躁的心理，冷静、理性地运用计算机思维能力和技能，科学地排查、修正错误。这种在一个具有一定自由度的开放场景中发现问题、解决问题的尝试，对学生不仅是知识、技能的训练，也是对学生心理抗挫折能力的训练。这种兼具脑力和体力的劳动是极具价值的，对于学生今后的成长成材极有裨益。

可以说，计算机科学教育是一种广义的劳动教育，学生除参与计算机操作付出体力劳动外，还使用计算机进行脑力劳动，计算机科学教育将激发学生对于劳动的兴趣，让学生真正理解劳动的意义。

（二）科学教育属性

科学，是一个要求遵守其基本原理且基于客观事实的系统性研究领域。科学强调预测结果的具体性、可证伪性。科学不在于寻求绝对无误的真理，而是在现有基础上，以科学方法不断尝试揭露和确认客观世界的运作法则和原理。

科学教育的目的是传授及分享科学内容。狭义的科学教育指有关数学、物理、化学、生物、地球科学等领域的教学。而广义的科学教育指通过学校和社会的教育，培养并提高全民科学素养的教育，它的目标是使全民了解科学概念、训练科学方法、培养科学态度，让每个人都能够适应现代生活的科学教育。从广义科学教育的角度看，数字素养提升与技能培训是科学教育的重要组成部分。

数学与逻辑是计算机的重要理论基础，作为计算机学科最重要的基础，程序设计或者称为编程，是用程序设计语言表达程序运行目标和执行逻辑的过程。当然，要会编程，能够理解程序在计算机上是如何运行的，这是前提和基础。计算机科学教育和编程教育，训练的是学生逻辑思维能力。这种训练和数学对学生逻辑思维能力的训练是完全一致的。例如，在基础教育阶段，数学科目教授方程、计算、数论等大量内容，都可以用程序来实现。而从程序编写与运行的方式去学习这些内容，更有助于学生理解这些内容的本质，加深记忆、举一反三。因此，计算机科学教育无论从目标还是教学内容看，都与科学教育是一致的。

其次，编程具有实验的属性。程序运行的逻辑可以通过修改和调整程序语句和输入参数，或者在调试时修改程序运行状态。程序设计中的调试（debug），就是在观察、测试、评估的基础上，修改程序使其最终能够按照目标正确运行的过程。这种试错的过程，与科学实验中分析实验结果，调整实验设置和过程，最终完成实验，验证或者发现科学规律的过程很相似。因此，计算机科学教育也有助于提升学生的实验能力。

第三，计算机作为一种重要的工具，能够和科学范畴的各个学科相结合。这种融合在科学研究中已经很普遍。计算化学、计算生物学，以及当前常被提起的 AI for Science（科学智能），都是这种融合的产物。在科学教育中，这类融合同样是一种趋势。不仅物理、化学、生物这些理科科目的很多内容，尤其是涉及计算的教学内容，可以通过程序更直接、更简洁地表达推理和计算过程，进而呈现其中的科学原理，一些文科科目也可以通过和计算机相结合来进行讲授。例如，英语学习中，在面对完形填空问题时，可以利用计算机工具，在分析语法、词性的基础上，辅以对于词语固定搭配和语序的统计信息，利用排除法等方法，帮助学生加深对词法、语法的理解，更好地理解句子和篇章。类似的方法也可以用于写作教学。这种融合后的教学，既是具体科目本身的教学，也是计算机科学教育的一部分。当前，虚拟仿真技术的发展使得这种计算机与其他学科的融合变得更紧密。这种融合也进一步将抽象的科学原理和逻辑思维与具象化的可视化和人机交互相结合，从而使得所学内容变得更容易理解。这种融合也赋予了计算机科学教育更丰富的科学教育内涵。

（三）思维教育属性

科学是"知"，劳动是"行"——计算机科学教育是"知行合一"的教育。计算机科学的原理、计算机技能、编程能力的教育是其具体内容。不仅如此，计算机科学教育更重要的部分是其思维教育的部分。

计算机和信息技术的迅速发展，其背后离不开摩尔定律的支配。新兴的信息技术、软硬件产品、编程语言和各种工具、应用层出不穷，并且技术革新速度伴随着摩尔定律也呈现出指数发展的趋势。再以具体的计算机软件系统、编程语言为对象的教学必然落后于时代。另一方面，人工智能的发展和类似于 GitHub Copilot 这样的工具的出现，也使得让所有学生掌握具体的工具和编程语言变得不再重要。因此，对于大学生而言，具体的技术只是计算机科学教育的载体，而不是目的。

概 念

摩尔定律（Moore's Law）是由英特尔（Intel）创始人之一戈登·摩尔（Gordon Moore）在1965年提出的。他提出：单位面积的集成电路板上可容纳的晶体管数目，约每隔两年增加一倍（图2-2）。而后，英特尔首席执行官大卫·豪斯（David House）对该论断提出了修正，预计每隔18个月芯片的性能会提高一倍。自提出以来，半导体行业大致按照摩尔定律发展至今，对世界数字经济增长作出了重要贡献，并驱动了一系列科技创新和产业发展。

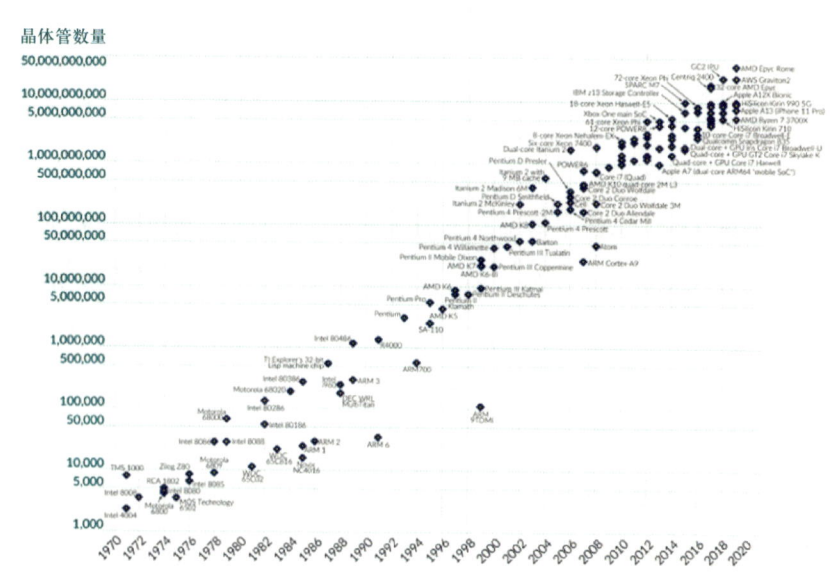

图 2-2　单位面积集成电路板上可容纳的晶体管数量随时间的变化趋势

信息技术和人工智能的发展一方面使得重复性的、程式化的脑力劳动，包括很多编程工作可以由计算机自动完成，极大地节省人力，甚至有时候能代替人的工作。另一方面，技术的发展也使得信息技术与各领域的结合更加紧密。当前，企业管理和财务会计大量使用 ERP（企业资源计划）、数据仓库与决策辅助系统、RPA（机器人流程自动化）等工具；艺术设计、工业设计越来越依赖 CAD（计算机辅助设计）和各种人工智能辅助设计工具；生产制造领域广泛使用的工业设计、工业控制软件将提升产品质量、生产效率，降低成本；不同学科领域的科学家使用丰富的科学数据库和 AI 工具来提升科学发现的效率，探索未知的科学领域。

因此，虽然一部分计算机领域的工作未来会被机器所代替，但是更多领域需要我们真正理解信息技术和人工智能背后的逻辑，具备相关思维能力，同时具备快速学习相关知识和新技术的能力，把自己锻炼成为与时俱进，会创造新的工具、新的技术，乃至发展新的理论的高端创新型、研究型人才。

三、编程思维

编程是计算机科学教育中最基础、最核心、最有代表性的部分，也是最能体现计算机科学教育中思维教育的部分。它反映了一套独特的思维方法，可以称之为"编程思维"。编程思维的核心是：分而治之，循序渐进，试错迭代和例外处理。

（一）分而治之

编程思维的第一步是将大问题分解为一个个小问题，然后逐一进行解决。编程训练首先培养的是这种思维方式。在计算机算法中，这种解决问题的方法有一个专有名词，称为"分而治之"（divide and conquer）。

分而治之在微观层面是一种算法设计和分析的技巧，在宏观层面则是一种化繁为简的解决问题的工程化思维方式。当一个大的问题可以被分割为若干个相互之间没有依赖关系的小问题后，就可以由多人分工协作完成各自所负责的小问题，然后再整合每个部分的结果，从而解决原来的大问题。另一方面，分解后得到的小问题，如果之前已经有现成的解决办法，那么就可以再次使用之前的方法、工具或者结果。在编程时，程序员会大量调用库函数、类库或者其他工具包，其实就是分而治之思想的体现。而是否有能力将一个问题分解转化为一系列已有解决办法的小问题，往往体现了一个程序员的工作经验。

分而治之的思想看似简单，其实往往是解决复杂问题的第一步。也只有具有了分解问题、各个击破的意愿和能力，才能让大学生具备将学习到的知识和技巧通过组合，形成解决大问题、真实问题的新能力。从这个角度看，分而治之是《道德经》所说"道生一，一生二，二生三，三生万物"的反过程。

（二）循序渐进

一个程序的不同"语句"按照一定的次序执行，最终获得程序运行的结果。同样，任何问题的解决都有一个过程。这种按次序逐一执行每一个步骤的方法就是"循序渐进"（step-by-step）。

虽然从最简单的数学学习内容——算术开始，学生就受过循序渐进思维方法的训练，但是当面临更复杂的问题时，青年学生往往并不能始终贯彻这一做法。

以当前理工科大学生学习中常常发生的一种现象为例，说明缺少循序渐进思维对学生学习和成长造成的困扰。当面临一些相对较为复杂的课程项目作业时，老师往往会给学生一段时间，比如两周或者更多时间，来完成这个作业。但是一部分学生在做这类作业时会有很大的困扰。他们宁愿以牺牲睡眠为代价，在周末2天时间里连续工作来完成这个作业，也不愿按部就班每天安排一点时间逐步推进任务，因此常常被这些作业弄得精疲力尽。当询问他们为什么采用这种学习方式时，他们说：从高中起，就有一种不成文的"45分钟原则"，也就是一个难题，如果45分钟不能解决，那么受限于考试的时长，它或者不会在考试中出现，或者在考试中不应该占用太长时间去完成——因为这个难题的分数可能最终还是拿不到，学生应该把精力花在能够在45分钟内完成的问题上，这样的学习方式对于获得好成绩是"最优"的。长期在这种训练下的学生面临需要更长时间，特别是在一天内解决不了的问题时，会面临"不习惯每天带着不同的问题入睡"的困扰。这一问题在理工科专业学生中相当普遍。显然，这种现象对于我们培养优秀的新工科人才是极为不利的。

不具备分而治之和循序渐进的思维，并将之用于解决实际问题是这种现象出现的本质原因。这也暴露出当前教育内容和教育方法中的盲点。

实际上，在将思考转化为行动时，"积跬步以至千里"是解决问题的不二法门。常言道，"志不坚者常立志，有志者立长志。"立长志意味着循序渐进，就像进行编程训练一样，一行一行地输入代码，一行一行地去执行代码。

编程是一个逐步推进的过程，要一步步地实现程序的各个语句、函数和模块，最终编写出完整的程序。计算机科学教育，特别是编程训练是培养循序渐进思维最直接的方式。这种思维方式一旦形成，在编写程序的微观层面到处理各类复杂问题的宏观层面，都是有益的。

（三）试错迭代

无论是初学计算机的学生，还是有丰富经验的程序员抑或是计算机科学家，在设计和编写程序时都会犯错误。而发现这些错误，分析确定犯错的原因，进而修正它们的方法和过程称为"排错"或者"调试"（debug），它是计算机科学教育的重要内容。

概念

调试（debug）的本意是"捉虫（bug）"或者排除缺陷或故障。一个广为流传的说法是，1945年美国海军上将格蕾丝·赫柏（Grace Hopper）和她的同事发现一只飞蛾卡在继电器中，造成计算机运行故障。他们把飞蛾贴在日志本中，并写道"发现 bug 的第一个真实案例"（见图2-3）。此后，debug被广泛用于计算机领域，意为寻找和排除错误（特别是软件错误）。事实上，在1878年，爱迪生就开始用bug来表示人工系统的设计缺陷。

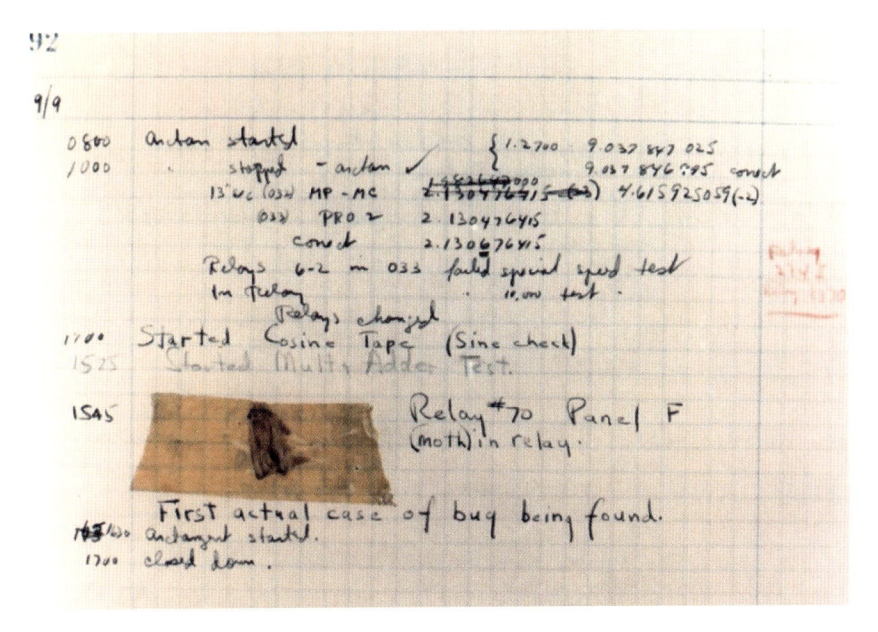

图 2-3　发现 bug 的第一个真实案例

调试有一套科学的方法和技术，它包括发现错误、确定重现错误的条件、在代码中跟踪错误结果的传播、隔离产生错误的代码、修正错误，以及构造自动测试和调试的工具或平台等。调试的方法不仅对于编写程序、开发软件有用，对于解决其他人工设计的系统，比如硬件系统、人机协同系统、企业和社会治理系统中遇到的各种问题同样有效。

如同几乎没有人能够一直正确地写程序一样，调试也不是一个一蹴而就的过程。写代码往往是"编写—运行—发现错误—调试—运行—发现其他错误—继续调试……"的迭代过程。甚至可以说，编程的过程就是调试的过程。

调试同时是一个经验累积的过程。对于一个程序员来说，每次调试都是从错误中学习与成长的过程。犯过的错误再出现的可能性会降低，而程序员的能力和工作效率将会逐步提升。久而久之，机械性的排错方法将会成为程序员的"直觉"。编程"大神"的能力其实是长期训练、科学方法和持续经验累积共同作用后产生的条件反射。

"试错迭代"（trial and error）就是面对错误解决问题时的思维方式。有了这种思维，就会体会到解决问题是一个过程，不再急功近利或急于求成——我们可以追求完美，但不应该成为完美主义者。同样，此时面对问题时程序员会有耐心和意志力去试错和用科学的方法解决它，这是解决问题的现实路径。

（四）例外处理

精简的、易于理解、易于维护的程序是程序设计的目标。但是程序是解决现实世界问题的一种抽象，而现实世界的问题是复杂的。因此，在编写程序时，经常会把特殊的情况单独处理，以维持程序主体部分逻辑的简洁。需要单独处理的特殊情况通常包括各种错误的处理，预期外的用户输入和极端情况等。这些情况一方面往往会有不同于正常程序逻辑的处理过程，例如直接显示错误信息或者给出如何维持正确输入的提示、拒绝用户的错误输入等。

在编写程序的初期，程序员未必能够提前预判所有的情形。随着软件开发的推进和后期的使用、运行、维护，需要处理的特殊情况可能会层出不穷。而对于特殊情况单独处理不会影响程序的主体逻辑，从而使系统本身的运行不受影响，使系统的运维更简单、更高效。

这种对于例外情况单独处理的机制称为"例外处理（或者异常处理）"（exception handling），它是编程思维的重要组成部分之一。在计算机系统中，例外和异常无处不在。从一个多路分支语句的"兜底"分支条件、一个检查性异常或者运行时的异常，到一个操作系统或者硬件发出的错误信号，计算机科学家们都设计了对应的异常处理机制。

意识到例外的存在，将例外从常规中隔离出来，设计对应的例外处理流程，以一套专门的机制处理异常，是"分而治之"思维的升华。它让程序员把主要精力投入到常规逻辑的处理中去，并且以可扩展的方式维持系统对于未知和极端情形的适应性。它也让程序员以更实在的方式去审视一个系统，去审视一个具体问题的解决方法，将复杂的问题简单化，区别问题中稳定性与变化性的部分。

通过计算机科学教育，特别是编程教育，学生可以学习例外处理的思维，并从编程开始实践这种思维。

（五）数字化转型中的编程思维

"分而治之、循序渐进、试错迭代、例外处理"被称为编程思维，是因为编程是这些思维方法最直接和最好的训练方式。编程思维对于我们更好地理解数字化转型、更好地推进数字化转型具有积极的意义。

首先，数字化转型是根本性、整体性的变革，不仅是技术和信息系统平台的升级，还和业务逻辑、治理方式、组织架构的改变密不可分。如此复杂问题的分解和推进步骤设计需要分而治之和循序渐进思维的指导。

其次，数字化转型是"百年未有之大变局"的重要部分，没有成功经验，"摸着石头过河"是数字化转型的绝佳写照。妄图在转型之初就画出一张绝对正确的蓝图是不可能的。试错迭代是这个过程的必经之路。直面"bug"的存在，科学地应对它们是数字化转型的主要工作方式之一。

第三，例外是普遍存在的，在数字化转型中尤其如此。设计合理的机制处理例外和异常，是数字化转型能否顺利推进，结果能否被广泛接受的前提和保障。

因此，编程思维的训练不仅对培养编程技术人才非常重要，对培养一批能够适应数字化生存的人才也同样重要。

四、开源教育

（一）什么是开源软件

> **概念**
>
> 开源软件是源代码可以任意获取、通过开放协作开发和维护的软件，可供任何人使用、检查、修改和重新分发。

开源（open-source）也称为"开放源代码"，其中的"源"（source）原来指的是"源代码"（source code），也就是程序员（通常用高级编程语言）编写的原始代码。开源的本意是开放源代码。开放的对象可以是软件的用户、其他开发者或者其他对软件和代码感兴趣的人。开源后的代码往往不仅可以被其他人阅读，在不同的许可协议下，一般还可以被其他人在许可协议的限制下使用、修改、再开发、再发布。

开源的反义词是"闭源"（closed-source）。顾名思义，它指软件厂商只提供编译后的软件，而不提供源代码。当然，闭源软件通常禁止用户和其他开发者用反编译等手段获得源代码进而修改或者再发布。日常生活中很多常见的软件，例如 Microsoft Windows、Microsoft Office 都是闭源软件。

但是另一方面，据统计，在拥有 1000 行以上代码的软件中，有 99% 的软件项目至少使用了一个开源项目。平均每个软件项目工程会使用超过 150 个开源项目。在现代软件供应链中，80%～90% 的代码都来自开源项目。

微视频 2-2：开源软件的定义及发展

（二）开源软件的发展

在软件诞生早期，虽然开源这个词还没有出现，但是软件的开发和发布通常都是以开源的模式进行的。

UNIX 操作系统是 20 世纪 70 年代被广泛使用的操作系统。它最早由肯·汤普逊（Ken Thompson）和丹尼斯·里奇（Dennis Ritchie）等核心开发者在贝尔实验室（隶属于 AT&T 公司）研发的，虽然版权属于 AT&T 公司，但是以免费和开源的模式提供给大家使用。在这一阶段，以加州大学伯克利分校为代表的很多机构对 UNIX 进行了大量功能补充、修改和优化。伯克利分校还发布了自己的 UNIX 版本，称为伯克利软件发行版（Berkeley Software Distribution，简称 BSD）。可以说，开源模式是 UNIX 成长、成熟和得以推广的基础。

1983 年，AT&T 公司发布了自己的商业化 UNIX 版本 System V。该版本为收费版本，且不允许其他人进一步传播源代码。此后，AT&T 公司起诉包括伯克利在内的其他 UNIX 版本发布单位，声称 BSD 等版本侵犯了 AT&T 对 UNIX 的版权。AT&T 发起的诉讼对 BSD

产生了极大的影响，并直接导致 UNIX 开发社区的分裂，大量开发人员离开了这个平台。

在 AT&T 开始商业化 UNIX 的时候，当时在麻省理工学院（MIT）人工智能实验室工作的理查德·斯托曼（Richard Stallman）开始启动 GNU 项目。GNU 的全称为"'GNU's Not UNIX!"，本身是一个递归的缩写。GNU 项目旨在通过协作开发和发布软件，让计算机用户在使用计算机时拥有自主权和控制权，让每个人都有权自由运行、复制、分发、研究和修改软件。GNU 的软件许可证称为 GPL（General Public License），对这些权利进行了规范。理查德·斯托曼还成立了自由软件基金会（Free Software Foundation，简称 FSF）来支持这些活动。这一系列的活动称为自由软件运动，在全世界形成了很大的影响力。GNU 包含了一批被开发者广泛使用的软件工具。

而后，1991 年，芬兰赫尔辛基大学的学生林纳斯·托瓦兹（Linus Torvalds）独立开发了一个类似于 UNIX 系统的小型操作系统 Linux，以 GPLv2 许可证发布。Linux 本身对硬件资源的要求很低。得益于互联网的兴起，大量用户，特别是个人用户需要一个这样的免费操作系统来搭建网站。Linux、GNU 工具和其他一些开源软件的装机率在短时间内大爆发。当时，构建网站的主要工具链被简称为 LAMP，即 Linux、Apache HTTP Server、MySQL、PHP。而这四种系统和工具都是开源的。这也让开源软件的质量和开发模式得到了更广泛的认可。

1998 年，一批在开源软件领域有影响的人物提出以"Open Source"来描述开放源代码的软件开发或发布形式，避免使用 FSF 的"Free"。他们提出这个主张的一个重要原因是"Free Software"既有"自由软件"的含义，也有"免费软件"的含义。而对于免费的过度强调可能会影响软件的商业应用，也会影响企业对开源的投入热情。虽然"Free Software"和"Open Source"在具体的目标、用词和规范条文上有区别，但是它们在理念、开放源代码的要求、开发模式等方面是相似的。在本书中，我们把它们都置于广义的开源讨论中。

之前提到的和 Linux 一起用于搭建网站的开源 Apache HTTP Server 项目的核心团队在 1999 年发起成立 Apache 软件基金会（Apache Software Foundation，简称 ASF），旨在为开发者提供无中心的社区。此后，ASF 孵化和管理了一批非常重要的开源项目，覆盖了互联网、云计算、大数据和人工智能等多个领域。

Linux 的发明人林纳斯·托瓦兹在 2005 年开发并发布了开源的 Git 工具，可以很好地支持不同组织、不同地点的开发者协同进行软件开发和项目管理。2008 年，基于 Git 的代码托管平台 GitHub 正式对外提供服务。目前，无论从参与人数、开源项目数量，还是积累的代码、项目讨论和文档数据规模看，GitHub 都是世界上最大的开源社区。2018 年，以提供闭源软件闻名的微软公司收购 GitHub，但是 GitHub 仍然独立运作。GitHub 与 OpenAI 合作发布的开发辅助工具 GitHub Copilot，得益于 GitHub 高质量的数据和 OpenAI 的算法模型，该产品的出色效果引起了广泛关注。这也从另一个角度体现了开源的价值。

开源软件数量繁多，类型也各不相同。一方面，面对不同的使用、开发、发布、商业化需求，当前已有超过 40 种不同的开源许可协议。另一方面，不同的开源软件也有不同的开发模式。埃里克·雷蒙德（Eric Raymond）将这些开发模式分为两类，即大教堂模式和市集模式。大教堂模式（the cathedral model）指源代码在软件发行后公开,但在软件的每个版本开发过程中由一个专属的团队管控,其代表为开源软件 GNU Emacs 及 GCC。而市集模式(the bazaar model)则指源代码在开发过程中即在互联网上公开,供人查看及合作开发,其代表为开源软件 Linux。开源软件的这些创新开发模式也影响了软件工程方法和工具的革新(表 2-1)。

表 2-1 开源许可协议概览

许可证名称	商业用途	分发	修改	专利使用	私有使用	披露来源	许可和版权声明	网络使用是分布式	相同许可证	状态更改记录	责任	商标使用	保证
Apache 许可证 V 2.0	是	是	是	是	是		是			是	否	否	否
BSD-3 Clause Clear License	是	是	是	否	是		是				是		否
BSD-2 Clause Simplified License	是	是	是		是		是				否		否
GPL V 2.0	是	是	是		是	是	是		是	是	否		否
GPL V 3.0	是	是	是	是	是	是	是		是	是	否		否
LGPL V 2.1	是	是	是		是	是	是			是	否		否
LGPL V 3.0	是	是	是	是	是	是	是			是	否		否
AGPL V 3.0	是	是	是	题	是	是	是	是	是	是	否		否
MIT 许可证	是	是	是		是		是				否		
Mozilla Public License V 2.0	是	是	是	是	是	是	是				否	否	否
Eclipse Public License V 2.0	是	是	是	是	是	是	是		是		否		否
木兰宽松软件许可证V2.0	是	是	是	是	是		是				否		否
开放数据共享开放数据库许可证	是	是	是	否	是	是	是		是		否	否	否
Microsoft Public License	是	是	是	是	是		是					否	否

续表

许可证名称	许可|条件|限制									
	商业用途	分发	修改	专利使用	私有使用	披露来源	许可和版权声明	网络使用是分布式	相同许可	状态更改记录	责任	商标使用	保证
SIL 开放字体许可证 V 1.1	是	是	是		是		是		是		否		否
知识共享署名 4.0 国际（CC-4）	是	是	是	否	是		是			是	否	否	否

来源：2024 中国开源发展现状。

开源的理念和方法在软件领域的实践很多，但它的应用范围也不局限于软件。例如，在知识分享领域，维基百科已成为世界上最大的百科全书，其演化速度远远超过了传统的百科全书编纂模式；在硬件领域，以 RISC-V 为代表的指令集开源的处理器架构也在商业化和教育领域初露峥嵘。

（三）开源软件的意义

开源软件对于计算机技术和产业的发展、数字化转型的推进、创新模式的形成和生态的构建都具有重要意义。

开源软件对于计算机技术发展本身的影响不是本书讨论的重点。仅列举一些简单的事实即可说明这一点。当前影响力或者用户规模居于领先梯队的操作系统 Linux、数据库系统 MySQL 和 SQLite、浏览器 Chromium（Google Chrome 的基础）、手机操作系统 Android 的核心部分 Android Open Source Project 都是开源项目。另一方面，在计算机和人工智能领域，越来越多的学者在发表论文的同时会开源其算法和系统实现，以佐证其研究结论，为其他学者的研究提供便利。

同时，开源软件已经成为软件行业中举足轻重的组成部分。如前所述，绝大多数有一定规模的软件系统都依赖于开源的贡献。很难想象一个计算机行业的企业没有得益于任何开源软件。很多大型企业设立了专门的开源治理部门，以制定企业的开源策略，规范企业内部对开源软件的使用（见图2-4）。

图2-4　大数据生态体系全景图

数字化转型不仅是计算机行业的问题，而是所有行业、所有领域共同回答的问题。各个领域应用场景的多样性决定了标准化的软件和硬件很难完美适配不同领域、不同行业及不同企业。越来越多的企业需要定制化的系统和解决方案。这种需求伴随着一大批互联网初创企业的诞生变得更为强烈——初创企业通常针对某个细分的特殊场景，需要解决其中的痛点问题。它们一般无法承受"大而全"的商业软件的高昂成本，更愿意选用开源软件和云平台作为它们系统的基础。

在数据库领域，2014年图灵奖获得者迈克尔·斯通布雷克（Michael

Stonebraker）观察到像甲骨文（Oracle）这样的大型关系数据库系统无法解决日益多样化的数据管理问题，把这种现象总结为"一体通用（one size fits all）"的难适应性。此后，一批数据库学者进一步发扬这种观点，提出"one size fits a bunch"，也就是为具有共性需求的一批应用构建专门的系统。数据库领域发生在10年前的这一场大讨论直接引发了一大批新兴开源数据管理系统的出现和爆发式成长。

另一些初创企业在无法找到解决它们问题的现成产品时，选择自己研发软件工具，但是它们缺乏长期维护这些软件的能力。它们会开源这些工具，借由社区收集软件使用反馈，协同开发缺陷补丁，推进版本迭代。初创公司通过使用和研发开源软件，推动了企业自身的成长，也为开源项目提出了需求，提供了应用场景。由此，企业的技术队伍也成为这些开源项目社区中的主要力量之一。这种应用和开源项目的双向奔赴和相互成就不仅在一众互联网初创企业中发生，近些年在传统的大型企业、创新型IT和互联网企业中也相当普遍。由此，开源已经成为数字化转型的大生态中必不可少的一环。

思 考

过去20多年，我国一大批互联网企业通过模式创新，在零售、物流、交通、通信、支付和金融等领域推动了数字化转型的进程。这些企业不是传统的IT企业——它们不销售软件、硬件，也不直接给其他企业提供信息系统服务。但是这些企业都经历了使用商用软件和开源软件到自主研发，发起或者贡献开源软件项目的过程。如何理解开源软件与中国互联网产业发展是一个相互促进的过程？

开源软件也促进了新的创新模式的产生和发展。传统IT企业通过售卖软件、硬件和信息系统服务为其他企业或者组织、个人提供服务。在企业市场，这种模式常被称为"甲方－乙方"模式——应用单位是甲方，IT企业是乙方。甲方提出个性化的需求，乙方通过提供软件和解决方案来满足甲方的需求。乙方为了降低成本和提高效率，会尽量实施标准化服务。在长期协作互动过程中，从降低成本和方便管理的角度考虑，甲方也将越来越多地采用乙方的框架和术语。因此，甲方和乙方之间是相互博弈、相互培训、相互合作、相互制约的。传统的软件工程和信息系统设计和部署方法都是基于这种模式而设计的。这种模式在实施时，暴露出了一系列问题，比如标准化的解决方案与个性化需求的尖锐矛盾和由此引起的最终较低质量的项目实施效果，软件开发和项目推进的"瀑布模型"导致甲乙双方都无法及时修正错误，造成初始的错误决策被放大，进而导致整个项目的失败。而基于开源的敏捷式开发的方法使得应用方有更多的选择，可以通过概念验证和原型开发进行更为轻量级的试错和更快速的迭代，可以借力于开源社区进行项目研发和缺陷修正以避免企业自己承担庞大研发队伍的高昂成本。这种模式创新最初在小型初创公司中出现，现在逐步在一些中大型企业中以工作室、弹性项目和团队的形式出现。可以说，开源是实现万众创新的一个重要手段。

思考

开源不同于当年的盗版软件，开源为我国技术和产业发展提供了合法的软件技术。在当前的国际科技竞争格局下，开源在一定程度下也可以突破一些国家对我国的技术封锁。但是，只使用不贡献，会扼杀自己的创新能力。因此，在开源生态中，尤其需要强调"贡献"。这本身也是和开源精神是一致的。

开源软件对技术发展、产业升级、生态构建、模式创新都具有重要意义。但是，开源本身内涵丰富，既涉及技术，也涉及产业、法律、社会等一系列问题。在开源社区，频繁发生类似于社区分裂、"搭便车（free rider，即只使用，不贡献）"、项目意外终止，甚至假开源、违反开源协议等问题。因此，开源生态建设和开源治理，是数字化转型过程中的一项重要任务。

（四）开源教育的愿景

开源如此重要，所以对于开源精神的理解，开源的方法和相关的技术是数字素养的重要组成部分。一方面，教育，不仅是学校和课堂里老师传授知识给学生，也包括学生相互间的学习。另一方面，在数字素养培养方面，还包括让学生理解数字化的基本概念和实际需求，参与数字化过程的训练。从这一角度看，开源本身也是教育数字化转型的一条新路径。

首先，将开源的理念融入到日常的教学活动中，这是我们培养数字化人才的一个重要出发点。特别是在计算机科学教育方面，教育者可在日常的教学活动中贯彻开源文化，培养学生的开源能力和分享精神，这既是一种精神，也是一种能力。其目标是培养具备开源竞争力的人才。学校开展开源教育不仅是教学生使用开源软件，更重要的是营造一种文化和创新的氛围，进而建立自己的开源文化。当前，我国的开源还没有真正发展起来，开源启蒙是一个漫长而又艰巨的任务。

其次，开源有一套完整的方法和支撑的技术体系。开源和云计算促进了一大批创新型企业和创新型项目的成功。"云（cloud）上漫步，池（open source）中遨游"需要从根本上改革我们的计算机教育，更新和补充教学内容，变革实验实践体系。突破原有的方式，学会使用云计算，学会使用开源，在开源教育实践方面开展新的尝试。

最后，开源不能"坐而论道"，需要实践。开源是面向未来的，它符合中国古典、经典、传统的理念，即美美与共的理念。让学生能够普遍在开源项目中，通过共享思想、共享代码来完成协作，与来自于世界的其他优秀开发者协作，从使用者开始，逐步成为贡献者，培养一批未来的领军者，是开源教育的重要任务。

思 考

编程，是计算机科学教育中的最基础的内容。代码，是学习编程的对象，也是学习过程和结果的体现。华东师范大学研发的"水杉在线"学习平台尝试留存学生自入学以来的所有代码，以此为基础，为不依赖于考试的学情评估提供依据，也为学生、教师及学生未来的工作单位呈现学生成长的过程，为学生间的相互学习、师生间的相互促进提供支撑。

> 开源教育是一个新的话题，有待充分研究。在中国计算机学会信息系统专委会支持下，华东师范大学自2019年开始举办"中国开源教育研讨会（SOSEC）"，研讨开源教育的学术问题。学校还发起成立"中国开源软件教育基金"，目标是培育文化，营造氛围，培养人才，孵化企业，营造生态，进而力求实现大众创新的目标。

开源不仅是一种手段，更是一种趋势，一种文化，一种创新的氛围。通过开源教育，可以帮助我们抓住开源带来的历史机遇。在开源教育中，亟须树立更高的价值观，超越简单地把开源作为商业活动的价值观。通过开展开源教育，可以发挥我们在全球开源领域的话语权，用中国的方案、中国的开源理念来解决更多的问题。此外，亟须发展更先进的技术，倡导更包容的文化和制度，制定适合我国产业发展和知识产权保护需求的许可证和法律法规，营造我们自己的开源文化和生态系统。

五、结束语

随着信息技术和人工智能的快速发展，数字素养已经成为现代社会不可或缺的一项基本技能。从邓小平同志提出"计算机的普及要从娃娃抓起"到今天，我国已经建立了从基础教育到高等教育的计算机科学教育体系。然而，随着技术的进步，单纯掌握计算机技能已不足以应对新时代的挑战，我们需要培养更加广泛的数字素养，包括但不限于编程思维、开源文化的理解和实践能力。

编程思维不仅仅是关于如何编写代码，更是一种解决问题的方法论，它教会我们如何将复杂问题拆解为更易解决的部分，如何通过不断试验和迭代来优化解决方案，以及如何有效地处理异常情况。这种思维方式不仅适用于软件开发，也可以应用于日常生活和工作中遇到的各种挑战。

开源文化则是另一种重要的数字素养组成部分。开源不仅仅是一种软件开发模式，它还代表了一种合作精神、创新态度和责任意识。通过参与开源项目，个人可以获得技术上的成长，同时也能够为社会作出贡献，推动整个行业的进步和发展。

在数字化转型的过程中，编程思维和开源文化的推广显得尤为重要。它们不仅能够帮助我们更好地适应不断变化的技术环境，还能激发更多的创新潜能，促进社会经济的持续健康发展。因此，无论是教育工作者还是政策制定者，都应该重视并积极推动这些能力的培养，让大学生能够在数字时代里茁壮成长，成为推动科技进步和社会发展的中坚力量。

总之，随着人工智能和数字化进程的加速，我们必须不断地更新教育理念，强化数字素养教育，使我们的孩子能够在充满不确定性的未来世界中找到自己的位置，发挥出最大的潜力。

本章习题

一、单选题

1. 数字素养的核心包括（　　）。

    A. 编程技能

    B. 合理使用手机 app 的能力

    C. 编程思维和开源文化的理解和实践

    D. 以上所有选项

2. 邓小平同志提出的关于计算机普及的指导思想是（　　）。

    A. 计算机的普及要面向成年人

    B. 计算机的普及要从娃娃抓起

    C. 计算机教育应仅限于高等教育

    D. 计算机技能仅对专业人士重要

3. 编程思维中的"分而治之"意味着（　　）。

    A. 将复杂问题分解为更易解决的小问题

    B. 一次性解决所有问题

    C. 避免问题分解，保持问题完整性

    D. 仅通过直觉解决问题

4. GitHub Copilot 取得很好的编程辅助效果的原因是（　　）。

    A. 仅依靠用户本地的历史代码

    B. GitHub 的开源项目数据提供了高质量的语料和训练数据

    C. 记录和搜索用户的所有在线活动

    D. 完全取代程序员编写代码

5. 开源软件的定义是（　　）。

   A. 仅供特定群体使用的软件

   B. 源代码可以任意获取、通过开放协作开发和维护的软件

   C. 只能由原始开发者修改的软件

   D. 需要付费才能使用的软件

6. 开源教育的愿景包括（　　）。

   A. 仅教授学生如何使用开源软件

   B. 营造开源文化，培养学生的开源能力和精神

   C. 限制学生参与开源项目以保护知识产权

   D. 将开源软件作为商业软件的替代品

7. 以下（　　）不是开源软件带来的影响。

   A. 促进技术发展和产业升级

   B. 形成合作精神和创新态度

   C. 导致软件开发完全自动化，不再需要人类参与

   D. 为学生和企业提供学习和创新的平台

8. 在人工智能时代，计算机科学教育的特点是（　　）。

   A. 只关注编程语言的教学

   B. 重视编程思维和数字素养的培养

   C. 忽略科学方法和逻辑思维的训练

   D. 只针对计算机专业的学生进行教学

二、填空题

1. 数字素养是数字社会公民学习工作生活应具备的数字＿＿＿＿＿、＿＿＿＿＿、＿＿＿＿＿、＿＿＿＿＿、＿＿＿＿＿、＿＿＿＿＿、＿＿＿＿＿、＿＿＿＿＿、＿＿＿＿＿等一系列素质与能力的集合。

2. 编程思维包括_____、_____、_____和_____。

3. 开源软件是_____可以任意获取、通过开放协作开发和维护的软件，可供任何人_____、_____、_____和_____。

4. 开源项目管理的两种典型模式分别是_____和_____。

三、简答题

1. 数字素养培养和计算机普及教育有哪些共同内容和区别？
2. 人工智能时代，计算机科学教育有哪些特点？
3. 为什么说编程是一种劳动？
4. 请例举编程思维训练对其他学科学习的支撑作用。
5. 请例举在其他学科的教学中，如何融入"试错迭代"思维的教育。
6. 开源对计算机产业发展的支持作用体现在哪些方面？
7. 请问开源对技术进步和产业发展是否有负面影响？为什么？
8. 请讨论如何教授开源的理念和精神。
9. 请讨论如何用开源的方式来进行传统学科（比如语文、数学、英语、物理、化学，或者生物等学科）的教学。

第二章
参考文献

第二章
选择题和填空题
答案

第三章 数字化转型

导读

《中华人民共和国国民经济和社会发展第十四个五年规划和2035年远景目标纲要》将"加快数字化发展 建设数字中国"单列成篇,提出"以数字化转型整体驱动生产方式、生活方式和治理方式变革",为新时代数字化转型指明了方向。

本章主要介绍数字化转型的概念及其演变,数字化转型与传统信息的差别,以及数字化转型的内涵及实现路径。

文件 3-1:《中华人民共和国国民经济和社会发展第十四个五年规划和 2035 年远景目标纲要》

一、概念的演变

(一)数字化转型

事实陈述

《数字化生存》一书的作者是麻省理工学院(MIT)尼古拉斯·内格罗蓬特(Nicholas Negroponte)教授,他不仅是

MIT媒体实验室创办人和《连接》（*WIRED*）的专栏作家，更是当代最有影响力的未来学家。《数字化生存》被称为20世纪信息技术及理念发展的圣经，该书围绕信息技术的基本概念、趋势和应用，勾画了数字时代的蓝图，阐明了信息技术、互联网对人们生产和生活方式的影响和价值。

数字化转型可以追溯到1996年，那年麻省理工学院尼古拉斯·内格罗蓬特教授出版了一本名为《数字化生存》（*Being Digital*）的书。关于数字化转型，学术界还没有形成一个统一的定义，大多数从转型主体、技术范畴、转型领域和转型效果四个方面来定义。在本书中，对数字化转型有如下定义。

概念

数字化转型（digital transformation）是指利用数字化技术来推动企事业单位转变业务模式、组织架构、组织文化等的变革措施。

微视频3-1："转型"的含义

数字化转型是顺应新一轮科技革命和产业变革趋势，强调通过不断深化应用云计算、大数据、物联网、人工智能、区块链等新一代信息技术，激发企事业单位的数据要素潜能，赋能企事业单位业务优化发展，加速实现转型升级和创新发展的过程。

1. 数字化转型是信息技术引发的系统性变革

信息技术作为一种基础性和通用性的使能技术，其重要性不仅体现在推动一系列新兴技术的发展和催生快速增长的新兴产业，更体现在其对传统创新体系、生产方式和产业结构的系统性重构。如图 3-1，就制造业数字化转型而言，通过引入先进的信息技术，如工业 4.0 和智能制造，企业能够实现生产过程的数字化、网络化、智能化，提高生产效率和产品质量，同时降低生产成本。因此，对一个组织而言，数字化转型将实现模式创新和生产方式的系统性变革。

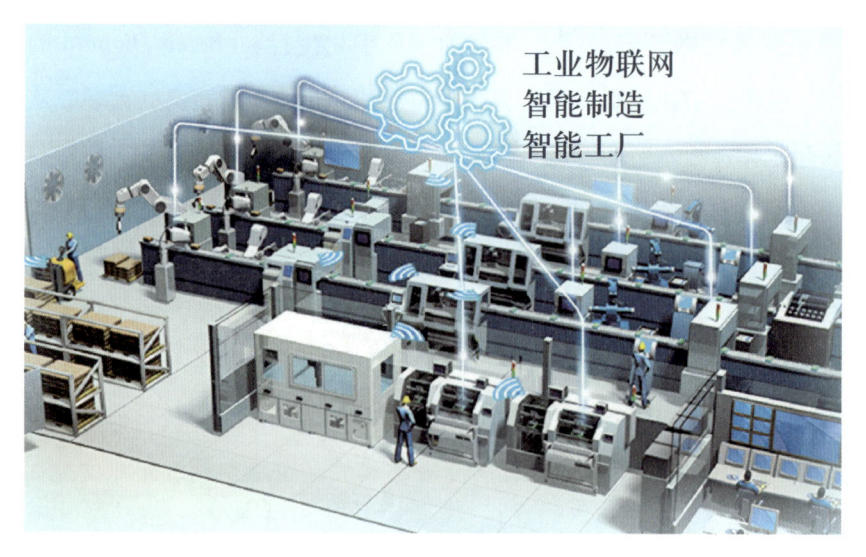

图 3-1 智能化工厂

2. 数字化转型的根本任务是价值体系优化、创新和重构

组织是一个创造、传递、支持和获取价值的系统，每一项数字化转型活动都应围绕价值效益展开。从根本上讲，数字化转型是要推动其价值体系优化、创新和重构，不断创造新的价值。就教育数

字化转型而言，利用在线教育平台和虚拟现实技术（图3-2），将打破空间和时间限制，为学生提供更多样化、灵活的在线学习服务，满足不同学习者的个性化需求。对于以组织为基本单元的其他经济活动，这一点也同样适用，如果其价值体系没有得到优化、创新和重构，那么就不能称之为成功的数字化转型。

图 3-2　虚拟现实示例

3. 数字化转型的核心动力源于数据

数据作为继土地、劳动力、资本、技术之后的第五大生产要素，其关键作用体现在作为信息交流的媒介。如图3-3所示，就供应链数字化转型而言，企业通过收集和分析供应链数据，能够实时监控库存水平、物流状态和市场需求，实现更高效的库存管理和需求预测。在此过程中，打破了信息不对称的壁垒，有助于提升组织的综合集成能力，并显著提高社会资源的综合配置效率。

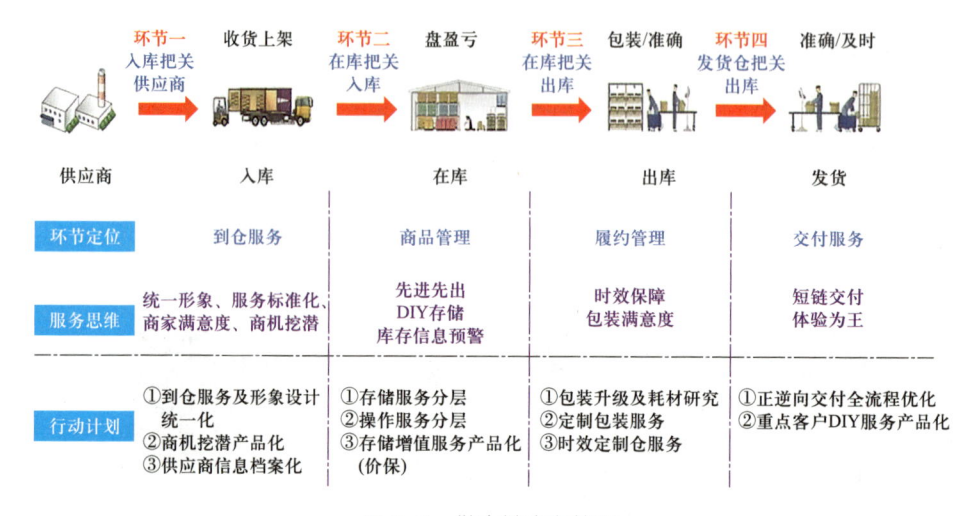

	供应商	入库	在库	出库	发货
环节定位		到仓服务	商品管理	履约管理	交付服务
服务思维		统一形象、服务标准化、商家满意度、商机挖潜	先进先出 DIY存储 库存信息预警	时效保障 包装满意度	短链交付 体验为王
行动计划		①到仓服务及形象设计统一化 ②商机挖潜产品化 ③供应商信息档案化	①存储服务分层 ②操作服务分层 ③存储增值服务产品化（价保）	①包装升级及耗材研究 ②定制包装服务 ③时效定制仓服务	①正逆向交付全流程优化 ②重点客户DIY服务产品化

环节一 入库把关 供应商 → 收货上架
环节二 在库把关 入库 → 盘盈亏
环节三 在库把关 出库 → 包装/准确
环节四 发货仓把关 出库 → 准确/及时

图 3-3　供应链库存管理

（二）数字化转型的历程

1. 以"连接"互联网为特征的数字化转型

20 世纪 80 年代末期至 90 年代，计算机在美国的普及率显著提高。1983 年，美国每所高中拥有的计算机数量平均在 10 至 11 台之间。这种对电子设备，特别是计算机、半导体和软件产品的强烈需求，不仅加速了美国信息产业的增长，而且成为了该国贸易收入的关键来源。

中国也不甘落后，于 1994 年正式接入国际互联网（Internet），成为全球数字化浪潮中不可或缺的一部分。以清华大学为例，该校在 1996 年建立了一个多媒体阅览室，提供给师生们包括电子阅读和互联网搜索在内的多种服务（图 3-4）。那个时代的数字化转型以建立连接为重点，主要通过通信方式的革新来实现，互联网企业在这一进程中发挥了关键的推动作用。互联网和信息技术的发展，不仅为人们提供了新的交流手段，还极大地降低了信息获取成本，缓解了信息不对称的问题。

图 3-4　1996 年清华大学建立的多媒体阅览室

2. 以"分享、共享、融合"为特征的数字化转型

进入 21 世纪，数字化转型在服务业领域持续深化，特别是那些强调"分享"与"共享"理念的产品和服务。如图 3-5 所示，社交网络平台通过促进用户分享个人情感和经历，引领了数字化内容的创新交流方式。与此同时，像优步（Uber）、爱彼迎（Airbnb）和摩拜单车等新兴服务平台，通过提供网约车、民宿和共享单车等服务，推动了从信息分享到资源共享的演进。这些服务不仅丰富了人们的生活，也体现了数字化转型在促进资源共享方面的重要作用。

图 3-5　社交网络

与此同时，制造业与服务业的数字化转型正通过融合的方式大规模展开。众多制造业企业开始通过采购数字化服务来提高生产效率。这种对数字服务的采购不仅减少了企业自行开发信息与通信技术（ICT）基础设施的需要，也降低了相关投资成本，从而在整体上节约了社会资源。

3. 以平台化、智能化为特征的数字化转型

随着大数据、云计算和人工智能等技术的飞速发展，企业在数据分析和应用方面的能力显著提升，数据规模也随之扩大。用户规模的增长使得平台成为新产品和新服务的重要载体，进而围绕这些平台形成了丰富的数字产业生态系统。数字化转型因此呈现出新的趋势：以平台化为转型的基础，以智能化为转型的目标。

实体经济与数字经济的融合呈现出两种典型的发展路径。一种是数字产业化，这涉及通过云服务、数据服务和数字化基础设施等，为其他行业提供数字技术的支持，加速业务流程的数字化。例如，腾讯和阿里巴巴等公司提供的云服务正是这一模式的体现。另一种是产业数字化，这是指企业通过投资 ICT 基础设施，建立基于自身业务经验的互联网平台，将生产流程、产品与服务数字化。典型的例子包括西门子的 MindSphere、美国通用电气的 Predix、海尔的 COSMOPlat 以及华为的 FusionPlant 等平台。这两种路径共同推动了实体经济与数字经济的深度融合，为传统产业的转型升级提供了新的动力和方向。

二、信息化

（一）信息化的发展历程

我国信息化建设大致经历了五个阶段：

1. 第一阶段：蓄势待发（1994—1998 年）

1994 年 4 月 20 日，中国通过中关村地区教育与科研示范网络（NCFC）利用美国 Sprint 公司的 64K 国际专线，成功接入了国际互

联网（Internet），成为全球第 77 个加入这一数字时代的国家。虽然当时互联网的主要功能还局限于信息交换，但信息与通信技术（ICT）对社会经济的深远影响已经开始显现。

这一历史性的时刻标志着中国正式开启了与全球互联网的连接，为后续的数字化发展奠定了基础。尽管互联网在当时还处于起步阶段，但其潜力和对经济社会变革的推动作用已经初露端倪，预示着一个全新的信息时代的到来。

2. 第二阶段：万象更新（1999—2008 年）

在数字经济的早期发展阶段，众多如今广为人知的互联网企业相继成立，为行业的繁荣打下了坚实的基础。中国互联网三巨头——百度、阿里巴巴和腾讯（BAT），分别在 2000 年、1999 年和 1998 年成立。同时期，B2C 电商平台"8848"、在线书店"当当网"、C2C 电商平台"易趣网"以及网络游戏公司"盛大网络"等也纷纷涌现。

以 BAT 为代表的中国互联网企业，不仅引领了国内数字经济的快速发展，而且在全球互联网产业中占据了重要地位。2007 年，BAT 的市值相继突破 100 亿美元大关，标志着它们成为全球互联网领域不可忽视的力量。这些企业的诞生不仅催生了新的需求，开辟了新的市场，还极大地推动了中国数字经济及其相关应用的跨越式发展，为整个行业的创新和增长注入了强劲动力。

3. 第三阶段：蓬勃发展（2009—2014 年）

2008 年年末，中国迎来了 3G 时代的曙光，工业和信息化部向中国移动、中国电信和中国联通发放了 3G 牌照。3G 技术的推广和智能手机的普及，使得移动互联网迅速渗透到人们的日常生活和工作中，如图 3-6 所示。这一技术革新不仅深刻改变了经济社会的运作方式，而且至今仍是我国数字化进程中的关键组成部分。

图 3-6　移动互联网

在 2009 至 2014 年间，一系列标志性的互联网应用如新浪微博、微信、滴滴出行和抖音等相继出现，标志着移动互联网时代的全面到来。这些企业的兴起不仅反映了中国互联网企业的强劲竞争力，也引起了国际资本市场的广泛关注。2014 年，阿里巴巴、京东和迅雷等众多中国互联网企业在美国成功上市，进一步凸显了中国数字经济的全球影响力。

从 3G 到 4G，再到 5G，中国的通信技术发展不断加速，实现了从跟随到引领的跨越式发展。这一过程中，中国不仅在数字经济的基础设施建设上取得了显著成就，而且互联网企业在商业模式创新上也取得了突破，深刻地重塑了数字时代的社会生活。这些创新不仅推动了国内经济的发展，也使中国企业在全球数字信息产业中占据了重要地位。

4. 第四阶段：转型升级（2015—2022年）

2015年，中国经济发展步入新常态，这一时期经济增长模式由高速增长转向更加平稳、多元和可持续的发展。中国经济的新常态特征包括增速的适度调整、产业结构的优化升级以及增长动力的多元化，这些变化为经济的长期健康发展提供了新的机遇。

政策环境的持续优化为工业互联网的发展提供了有力支撑。从2017年到2021年，工业互联网产业增加值占GDP的比重显著提升，从2.83%增长至3.67%。工业互联网通过全要素、全产业链、全价值链的深度融合，为制造业的数字化、网络化和智能化转型提供了切实可行的路径。

在政策的引导下，中国在多个关键技术领域取得了显著进展。2017年，国务院发布《新一代人工智能发展规划》，明确了人工智能发展的蓝图。2019年，随着5G商用牌照的发放，中国迈入5G时代，为各行各业的数字化转型注入了新动力。2020年，北斗三号全球卫星导航系统（图3-7）的建成，为全球用户提供了精准的定位服务。2022年，全国一体化大数据中心体系布局完成，标志着"东数西算"工程的全面启动，为数据资源的高效利用和区域协同发展奠定了基础。

文件3-2：《新一代人工智能发展规划》

人工智能、5G网络、北斗卫星系统以及"东数西算"等关键技术的发展，不仅推动了产业链上下游的繁荣，也成为了数字中国建设的核心支撑，展现了中国在全球数字经济中的强劲发展态势。

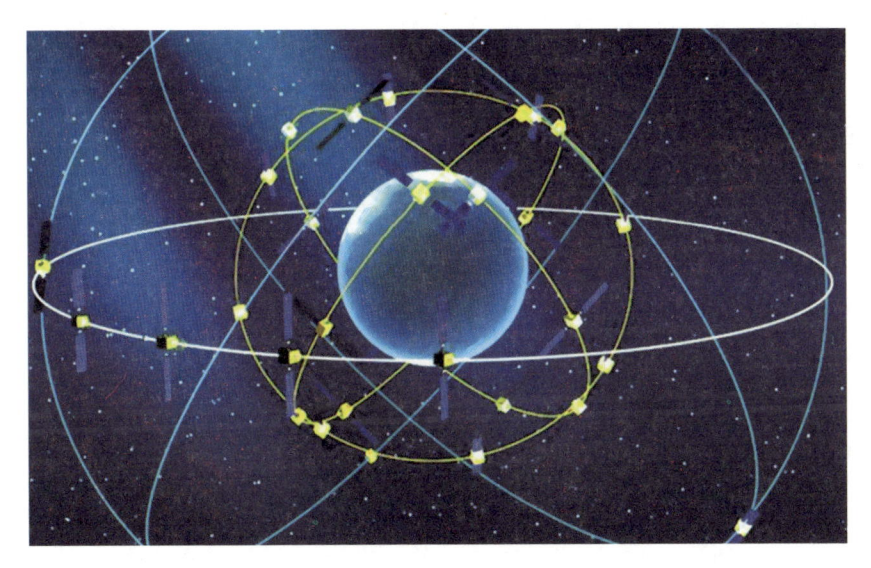

图 3-7　北斗卫星系统

5. 第五阶段：智能时代（2023—未来）

2023 年，人工智能技术实现全球性突破，特别是在中国，这一年成为了 AI 发展的关键节点。随着《数字中国建设整体布局规划》的发布，中国为数字经济的转型和增长设定了明确目标，到 2025 年，基本形成横向打通、纵向贯通、协调有力的一体化推进格局，数字中国建设取得重要进展。

文件 3-3：《数字中国建设整体布局规划》

数字化转型的核心在于智能化，它不仅为经济增长提供了新动力，也为第四次工业革命中国的参与深度和广度奠定了基础。2023 年，工业互联网作为数字经济的重要组成部分，其增加值总体规模达 4.69 万亿元，占 GDP 比重上升至 3.72%，其核心产业增加值达到 1.35 万亿元，正成长为促进我国经济高质量发展的重要力量。

智能化的发展使得机器能够模拟人类的思维和行为，从而提高生产效率和服务质量。在智能化时代，人工智能技术已经实现了"耳聪目明""能说会道""心灵手巧"和"最强大脑"，这背后是语音识别、图像识别、自然语言处理等技术的快速发展。不同于数字化，聚焦于数据的收集、处理和分析，智能化更加注重系统的自主决策和执行能力。这意味着在智能化进程中，系统能够依据自身感知的外部世界，独立作出决策并采取行动，无需过度依赖人类的直接干预。这将极大地提升社会生产效率，推动组织向更加智能化、高效化的方向发展。

（二）互联网带来的变化

在数字化时代的浪潮中，信息化的重要性愈发凸显。正如习近平总书记在 2018 年 4 月 20 日全国网络安全和信息化工作会议上强调："信息化为中华民族带来了千载难逢的机遇。"2023 年 7 月 14 日，全国网络安全和信息化工作会议再次召开。信息化不仅关乎国家的发展大局，更与人民群众的切身利益息息相关。

思 考

为什么说信息化为中华民族带来了千载难逢的机遇？

微视频 3-2：新时代信息化的重新解读

在信息化的发展过程中，单位信息化与社会信息化呈现出明显的区别。单位信息化主要关注机构内部的管理服务效能提升，通过甲乙双方的合作关系推动项目的实施。而社会信息化则更加注重满足全社会老百姓的需求，通过互联网公司主导的产品和服务来推动社会的整体发展。

两者的区别在于服务对象的不同和运作方式的差异。然而，正是这两者的差异与融合，为我们提供了宝贵的机遇。单位信息化与社会信息化的融合，不仅体现了为人民服务的宗旨，也反映了市场经济的客观规律。这种融合既有助于提升机构的管理效率和服务水平，也有助于满足人民群众日益增长的对美好生活的需求。同时，这种融合也为我们提供了更多的创新空间和发展机遇。

（三）汇流之后的信息化

互联网成功之后，长期以来人们一直在思考互联网成功背后的逻辑。虽然彼此可能见解不一，但大家普遍认为，通过互联网用户能获得更愉悦的购物等生活体验，产品能更好地实现商业价值，公司业务能不断突破增长的瓶颈。

当我们提及互联网思维时，"痛点思维"无疑是其核心思维之一。以共享单车为例（图3-8），它精准地捕捉并解决了城市出行中的"最

图 3-8 共享单车

后一公里"问题，从而迅速获得了市场的广泛认可。同时，互联网服务的本质并非单纯追求盈利，而是为用户提供更为便捷、低成本的解决方案。因此，在推动信息化的过程中，企业追求使用门槛的降低，以更广泛地惠及社会大众。

以杭州西湖景区为例，它作为全国 300 多个 5A 级景区中第一个不收门票的景区，为我们提供了一个值得借鉴的范本。在 20 世纪八九十年代，西湖景区率先实施了免费政策，这一举措不仅吸引了国内外大量游客前来游览，更使景区的营业额实现了惊人的增长。"免费思维"也是互联网企业的商业逻辑，其背后蕴含着前瞻性的战略眼光。在互联网时代，这种思维的重要性体现在通过降低使用门槛，以吸引更多用户，进而创造更大的商业价值。

思 考

秉承"免费思维"，企业获得经济效益的底层逻辑是什么？

微视频 3-3：
数字化及数字
化转型

此外，在数字化浪潮中，数据的核心价值愈发凸显。数字化转型的实现需要强大的动力支撑，正如电气化转型中的电力一样，数据能够给社会带来根本性的改变。在电气化时代，电力使得家用电器得以运转；在数字时代，数据则使得各行各业得以高效运行。只有当数据真正普及到社会的每个角落，才能说我们已经实现了真正的数字化转型。

因此，高度重视数据的收集、分析和利用是必要的，要确保它们成为推动我们前进的强大动力。然而，数据的获取与利用不是简单的信息堆砌，而是依赖于高效、稳定且值得信赖的平台建设。在此过程中，单纯依赖外部企业或机构来构建平台和汇聚数据是远远不够的。毕竟，真正深刻洞察并精准把握需求的，唯有组织自身。各行各业通过挖掘数据价值，推动组织转变业务模式、组织架构、组织文化的变革，才能真正实现数字化转型。

数字化转型不仅是一个简单的变革过程，它更是一场颠覆性的自我革新，涉及企业运营、管理理念和业务模式的全面重塑。当痛点思维、数据思维相结合时，真正的数字化得以实现，才能为用户提供更加优质、便捷的服务。

三、数字化

（一）与信息化的根本差别

信息化是将现实世界的各种信息转化为数字格式的过程，通过计算机、互联网和其他数字化技术进行存储、处理和传输。数字化是更高级的形态，它不仅仅是将信息转化为数字格式，还要运用新一代信息技术推动组织业务模式转变、组织架构与文化变革，赋能行业企业高质量发展。因此，信息化注重数据的收集、整理和传输，而数字化则更加强调发挥数据的价值，是数据化和智能化的过程。

微视频 3-4：
数字化的新内涵

（二）本质是数据化和数智化

在传统的线下购物中，消费者可能会货比三家；在电子商务时代，根据平台的推荐及其他用户的评论，消费者可以货比三万家。因为平台根据消费者的购物历史，已经清楚知晓了每一位消费者的购物偏好，把符合消费者需求的产品推荐给他们。在一个传统的线下门店，每个营业员每天的营业额可能达到1000元，但是如果在线上，一款热卖的产品销售额就能达到1000万元。这就是数字化转型的威力，它是效率的极大提升、能力的极度放大。

数字经济时代正向我们走来，正确认识和驾驭数据是我们每一个人面临的时代命题，只有正确认识数据才能从容驾驭数据，真正实现数据化和数智化，才能实现数字化转型。认识数据要从数据应用开始，这是典型的知行合一。

在电子商务领域，大数据的威力呈现得淋漓尽致。其中，交易数据和交互数据是电子商务大数据的主要来源，特别是交互数据，主要通过互联网收集，由于数据量庞大，通常以流水账的形式存储，需要经过清洗、分析、挖掘才能发挥作用，大数据本质上是数据化和数智化的过程。

数据是第五大生产要素，它不仅仅是一种信息沟通的媒介，而且可用于提升组织综合集成水平，提高社会资源的综合配置效率。数据之于数字化，正如电力之于电气化一样。数字化转型可以极大地提高个人乃至社会整体的效率和能力，并带来突破性的变革，正如破茧成蝶一样。

在深入剖析信息化与数字化之后，信息化融合了互联网思维与数据思维后便自然而然地演变为数字化。数据在其中所扮演的角色为何如此举足轻重？这源于数据本身作为转型的核心驱动力。数字化转型的每一步推进，都离不开这种强大而持续的动力。

四、数字化转型的实现路径

（一）数字化转型是自我革命

数字化转型是一场产业革命，不是简单的"弯道超车"。在新四大发明中，扫码支付、共享单车和网络购物均是数字化转型的典型案例，不仅是先进生产力的代表，更使得我们的生活方式发生了根本性变革。当生产力发展后，旧的生产关系就会束缚生产力的发展，需要产生新的生产关系，这就是革命的底层逻辑。数字化转型发展速度快、辐射范围广、影响程度深，正推动生产方式、生活方式和治理方式的深刻变革，成为重塑全球经济结构、改变全球竞争格局的关键力量。数字化转型是一次变轨换道的自我革命，它要求我们改变思维方式并从内部打破传统惯性，而不是等待外部力量的介入和干预。

（二）互联网+

在数字化转型过程中，"互联网+"无疑会担当重任。而伴随着"互联网+"行动计划的落地，各行各业尤其需要进一步明确"互联网+"与"+互联网"的区别。"互联网+"，是各行各业和互联网一起发生的一场"化学反应"。如同把氢气和氧气简单地混在一起，它们还是两种独立的气体，但是一旦它们产生了化学反应，就会变成水，发生本质性的变化。"互联网+"正是这样的"化学反应"，不是传统行业与互联网的简单结合，而是利用互联网对所有行业进行再造，产生新的商业模式，例如"互联网+银行""互联网+基金"会诞生了互联网金融，"互联网+零售"带来了电子商务，"互联网+制造业"推动了产业数字化时代的到来。因为只有"互联网+"这场

"化学反应"，通过变革来驱动经济的新一轮增长，才能够创造出全新业态，为经济和社会的发展注入强劲动力。

（三）人工智能+

人工智能技术的进步不仅改变了生产组织形式、企业形态，也改变了城市的面貌和基础设施、公共服务供给。在人工智能技术的推动下，生产端和消费端深度融合，产品中包含了更多的服务，消费者本身也可以作为内容、创意的供给方为生产服务；生产领域相继出现了智能化车间、智能化工厂、智能化供应链；如图3-9所示，部分行业出现新一轮机器人对人工的替代；在城市领域，基于交通大数据和无人驾驶技术的"智慧交通"体系正在各城市不断实践；运用远程技

图3-9 无人工厂

术和医疗数据的"智慧医疗"体系也在不断建设；政府服务也可以在"电子政务平台"进行。除了实体经济的平台化、智能化，利用数字技术还建立了一个与现实世界平行且交互的虚拟世界——"元宇宙"，它是对新阶段数字化转型的又一次探索。

（四）数字化转型的实现路径

1. 补齐短板，提高数字技术核心能力

"卡脖子"领域是我国数字技术的短板，通过国家重点实验室、区域创新中心、技术孵化器等建设搭建产学研合作平台，运用科研攻关的举国体制优势，优先解决芯片（图3-10）、高端传感器、工业软件等影响我国数字化转型的关键制约。在竞争性领域，发挥市场在资源配置中的决定性作用，打造"宽容试错、鼓励创新"的政策环境，鼓励企业进行数字关键技术、前沿技术的开发和创新。

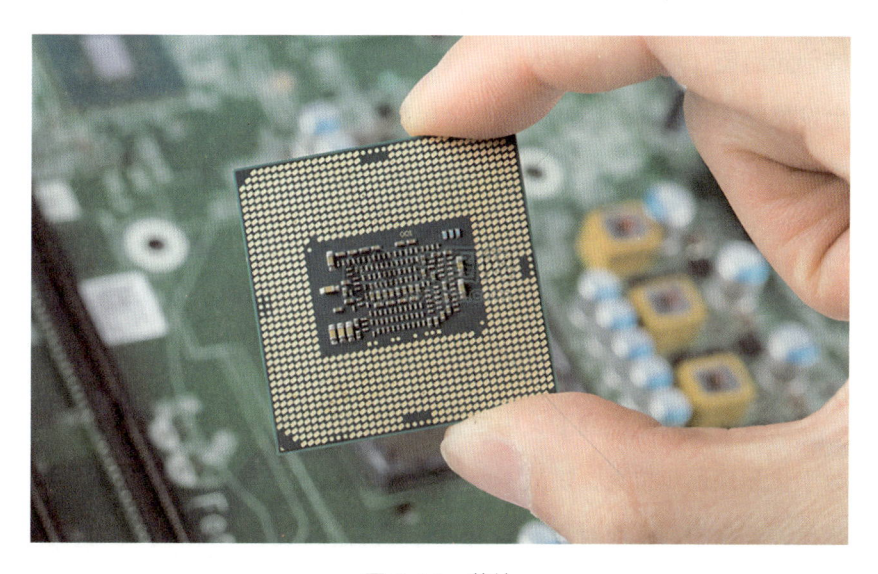

图 3-10 芯片

2. 加强数字基础设施建设，弥合地区间数字鸿沟

数字基础设施是数字化转型的关键，继续增加 5G 等基础设施建设，增加欠发达地区的数字基建投入，缩小地区间的基础设施供给差距。针对东西部地区数字技术能力的不同，实行差异化的数字基础设施发展政策，将政府数据、对边缘计算需求不高的数据引导到西部地区的数据中心，在东部地区建设边缘数据中心。加快试点推广卫星互联网、6G 等新型数字基础设施，保持基础设施领域建设位于国际前列。

3. 提升全民数字技能，培养数字化人才

随着数字技术的广泛应用，数字经济已经成为推动我国经济发展的新引擎。一方面，数字化人才能够有效运用数字技术推动传统产业升级，促进新兴产业的发展，提高生产效率和产品质量，从而增强国家的经济竞争力。另一方面，通过提升全民数字技能，可以激发国民的创新潜能，培养创新型人才，推动科技创新和模式创新，为经济社会发展注入新动力。因此，提升全民数字技能，培养数字化人才是推动我国社会主义现代化建设的必然要求，是实现经济社会全面发展的基础性工作，具有深远的意义。

五、结束语

在数字经济的浪潮下，中国企业数字化转型浩浩荡荡。但企业间数字化差距逐步拉大，挑战不断涌现。面对差距，企业需要加速转型步伐，互相学习；面对痛点，企业需要直面挑战，夯实数字能力，提高数字化水平。

本章习题

一、单选题

1. 中国在（　　）正式接入国际互联网。
   A. 1984 年　　　　　　　B. 1994 年
   C. 2000 年　　　　　　　D. 2010 年

2. 数字化转型的新型能力建设包括（　　）。
   A. 云计算和大数据　　　　B. 物联网和区块链
   C. 人工智能和 5G　　　　D. 以上所有选项

3. "互联网+"行动计划的目的是（　　）。
   A. 传统行业与互联网的简单结合
   B. 利用互联网对所有行业进行再造
   C. 减少互联网的使用
   D. 限制互联网的发展

4. 以下的（　　）不是数字化转型的挑战。
   A. 技术更新　　　　　　　B. 人才缺乏
   C. 数据安全　　　　　　　D. 缺乏创新

5. 数据在数字化转型中扮演的角色是（　　）。
   A. 障碍　　　　　　　　　B. 核心驱动力
   C. 次要因素　　　　　　　D. 无足轻重

6. 以下的（　　）不是数字化转型实现路径中的措施。
   A. 提升全民数字技能　　　B. 培养数字化人才
   C. 减少数字技术的研发　　D. 加强数据供应链安全

7. 在数字化转型过程中,"互联网+"与"+互联网"的区别是( )。

  A. 两者是相同的概念

  B."互联网+"是传统行业与互联网的简单结合

  C."+互联网"是利用互联网对所有行业进行再造

  D."互联网+"是各行各业和互联网一起发生的一场化学反应

二、填空题

1. 《中华人民共和国国民经济和社会发展第十四个五年规划和2035年远景目标纲要》提出"加快数字化发展 建设数字中国",强调以数字化转型整体驱动＿＿＿＿、＿＿＿＿和治理方式变革。

2. 数字化转型呈现出新的特点：以＿＿＿＿为转型基础，以＿＿＿＿为转型目标。

3. 数字化转型的实现路径中，补齐短板，提高＿＿＿＿核心能力是关键。

4. 提升全民＿＿＿＿，培养＿＿＿＿是数字化转型的基石。

5. 数字化转型是指利用＿＿＿＿技术来推动企事业单位转变业务模式、组织架构、组织文化等的变革措施。

6. 数字化转型的每一步推进，都离不开＿＿＿＿这种强大而持续的动力。

三、简答题

1. 数字化转型和信息化有何不同？请从技术应用和组织变革两个角度进行阐述。

2. 描述数字化转型的三个核心特征，并解释它们对企业的意义。

3．简述平台化和智能化在数字化转型中的重要性和它们如何推动产业变革。

4．讨论数据在数字化转型中的核心价值，并解释如何通过数据驱动组织变革。

5．简述你对"数字化转型"的理解。

6．请谈谈你对"数字化转型是大势所趋"的理解。

7．数字化转型过程中可能遇到的挑战及应对策略。

第三章
参考文献

第三章
选择题和填空题
答案

第四章　数字经济

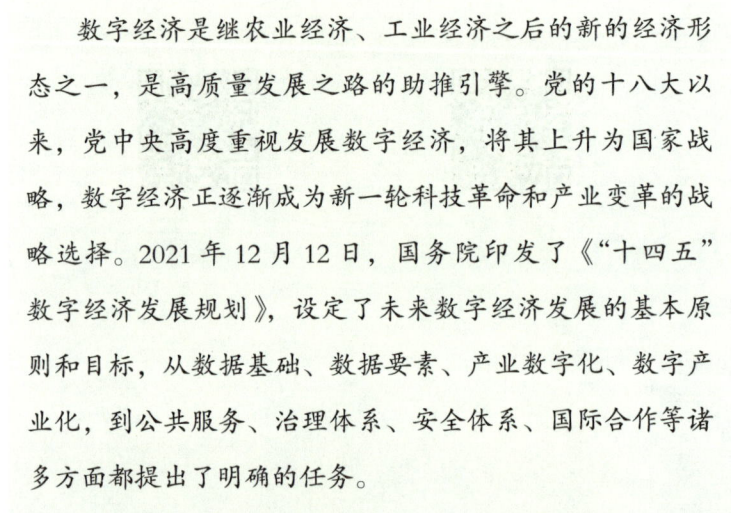

导读

数字经济是继农业经济、工业经济之后的新的经济形态之一，是高质量发展之路的助推引擎。党的十八大以来，党中央高度重视发展数字经济，将其上升为国家战略，数字经济正逐渐成为新一轮科技革命和产业变革的战略选择。2021年12月12日，国务院印发了《"十四五"数字经济发展规划》，设定了未来数字经济发展的基本原则和目标，从数据基础、数据要素、产业数字化、数字产业化，到公共服务、治理体系、安全体系、国际合作等诸多方面都提出了明确的任务。

本章主要介绍数字经济概念、数字经济推动力、新质生产力及我国发展数字经济的优势等。

文件4-1：
《"十四五"数字经济发展规划》

一、概念的演变

（一）早期的数字经济

"数字经济"这一术语最早出现于20世纪90年代。1995年，经济合作与发展组织详细阐述了数字经济的可能发展趋势，认为在互联网革命的推动下，人类发展将由原子加工过程转变为数字信息加工处理过程。美国学者唐·塔普斯科特（Don Tapscott）1996年出版的《数字经济：网络智能时代的前景与风险》一书描述了互联网将如何改变世界的运行模式，并引发若干新的经济形式和经济活动。

事实陈述

唐·塔普斯科特（Don Tapscott）是全球著名的新经济学家和商业策略大师，被誉为"数字经济之父"。他于1992年创办了新范式（New Paradigm）智库，研究突破性技术在生产率、商业效能、竞争力等方面的商业应用。他也是全球最受追捧的商业演讲人之一，《财富》世界500强企业中超过半数的首席执行官（CEO）及社会名流曾聆听过他的演讲，如美国前总统克林顿、IBM前CEO郭士纳、微软前CEO鲍尔默、谷歌公司前CEO施密特等。他的著作包括《数据时代的经济学》《维基经济学》等。

2002年，美国学者金范秀（Beomsoo Kim）将数字经济定义为一种特殊的经济形态，其本质为"商品和服务以信息化形式进行交易"。可以看出，这个词早期主要用于描述互联网对商业行为所带来的影响。此外，在当时，信息技术对经济的影响尚未具备颠覆性，只是提质增效的助手工具，数字经济一词还属于未来学者关注和探讨的对象。

文件 4-2：
《二十国集团数字经济发展与合作倡议》

（二）数字经济成为共识

数字经济定义源自 2016 年 9 月二十国集团领导人杭州峰会通过的《二十国集团数字经济发展与合作倡议》。当前广泛认可的定义为：

概念

数字经济是以数据资源为主要生产要素，以现代信息网络为主要载体，以信息通信技术融合应用的全要素数字化转型为推动力的一系列经济活动。

微视频 4-1：解读数字经济

数字经济的内涵首先强调数据要素的重要性，需要利用信息系统、传感器、机器视觉等感知技术，将物理世界数字化，以数据、信息、知识的方式存储起来；其次强调互联网作为载体，将数据整合、汇聚、融合起来；再次强调运用新一代信息技术，如人工智能、区块链、云计算、大数据等，解析与挖掘数字化信息的潜在价值；最后是数字技术与传统实体经济创新融合，对传统产业进行全方位、全角度、全链条的改造，实现各行各业的数字化转型。

（三）数字经济解读

20 世纪 90 年代初，随着 ICP/IP 协议、万维网（World Wide Web）协议先后完成，互联网开启了快速商业化步伐，各种新型商业模式和互联网服务被开发出来并推向市场，涌现出了一大批互联网企业。针对这一现象，有学者提出了"数字经济"概念。2008 年全球金融危机爆发后，随着 3G 移动通信网络的普及和移动智能终端的出现，数字经济发展进入移动化阶段，共享经济、平台经济等新业态新模式迅猛成长。

近年来，随着互联网、大数据、云计算、物联网（图 4-1）、人工智能等技术加速创新并进入商业化应用，数字技术的赋能作用进一步增强，并加快向国民经济各行业渗透，推动经济向数字化、网络化、智能化方向转型。数字技术日益融入经济社会发展的各个领域，数字经济发展速度之快、辐射范围之广、影响程度之深前所未有，正在成为重组全球要素资源、重塑全球经济结构、改变全球竞争格局的关键力量。

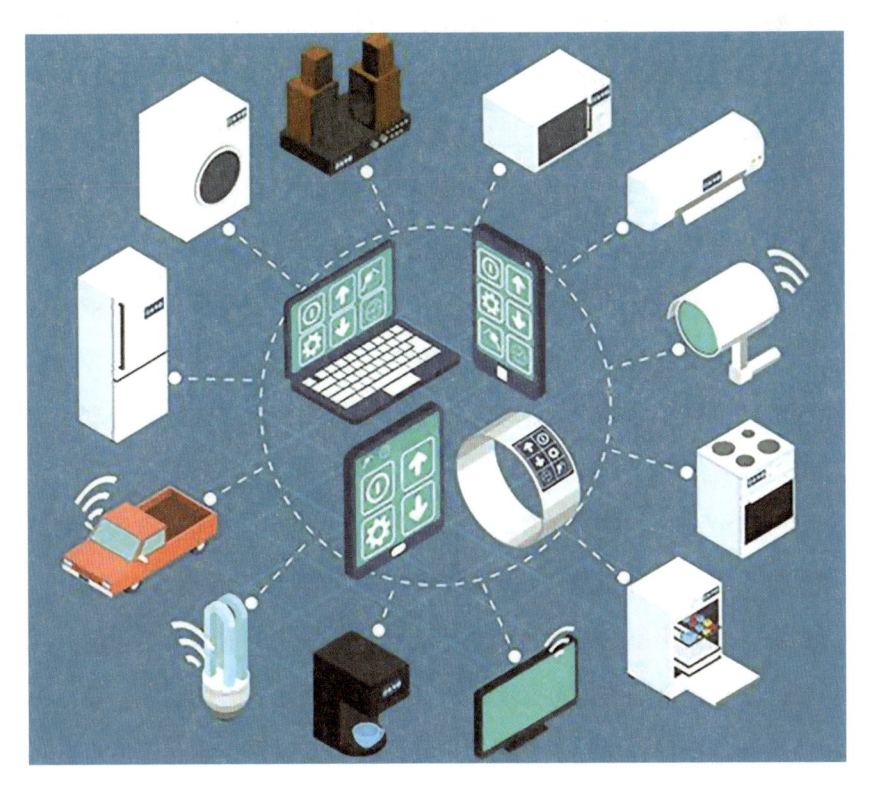

图 4-1　物联网示例

（四）数字经济形态

互联网经济的初级阶段是常说的"眼球经济""人气经济"，在粉丝和被关注者关系之上的经营性创收行为，是一种通过提升用户黏性并以口碑营销形式获取经济利益与社会效益的商业运作模式，靠互联网平台的访问流量来吸引风险投资，想方设法进行"流量变现"。互联网经济本质上是利用"粉丝"来赢利，所以也称为"粉丝经济"。变现的核心手段是互联网广告，或称为在线广告、计算广告。

经过初级阶段的发展，互联网平台收集了越来越多的数据，利用这些数据，可以准确洞察用户需求，进行各种精准营销、精准推荐和风险控制，这种经济形态被称为智慧经济，本质上是利用大数据来提升"粉丝经济"。智慧经济是知识经济对传统经济的渗透与再造，是以智能感知的信息与数字化的知识为关键生产要素，以新一代智能技术为重要推动力，以有限资源和全生产要素的最优化利用为手段，以自主适应、人机协同、共创分享、多元融合为主要特征，以高效、有序、可持续发展为目标的经济活动和经济形态。没有数据的支撑，智慧经济就是无源之水、无本之木。因此，智慧经济通过数据变现实现盈利目标。

分享经济是互联网经济的高级阶段，与前两个阶段有本质上的差别。分享经济实际上是盘活闲置资源，在不增加资源投入的前提下，提高资源的使用率为主要特征。相比互联网经济的前两个阶段，分享经济或共享经济是与人类文明的更高阶段相匹配的。便利性、参与感和信任度是推动分享经济发展的主要原因，互联网技术也正沿着这一方向持续发展。

在人类文明历史上，中国文明在长达两千多年的时间里一直维持着庞大的人口规模,其中不可忽视的一个因素,恐怕就是中国社会长久以来的对资源充分利用的价值取向。分享经济是一种通过大规模盘活闲置资源而激发经济效益的经济形态,例如民宿、共享单车、网约车、网络云盘等。

党的十九大报告指出,新时代,我国社会的主要矛盾已经转化为人民日益增长的美好生活需要和不平衡不充分的发展之间的矛盾。作为人民日益增长的美好生活需要的一部分,我国迫切需要在创造更多物质财富和精神财富的同时,逐步满足人民日益增长的对优美生态环境的需要。构建资源节约型、环境友好型社会,已成为我国的长期发展目标。在追求人类发展与自然和谐的过程中,倡导与我国国情相适应的文明、节约、绿色、低碳模式,需要转变居民的生活方式,在提高生活质量的同时,逐步降低各种资源消耗,减少污染物排放,缓解人类生产生活对自然资源与生态环境的压力,实现可持续发展。

分享经济将有效整合产业链不同环节的供应商、制造商、服务商等分散化资源,在数据、算法的支撑下对产业资源进行高效配置,形成产业链上下游企业、大中小企业等不同主体灵活参与的共享产业生态圈。生态圈内的企业以更低的成本、更为便捷地获得所需资源和能力,得到更大的发展空间。分享经济是信息技术革命与人类社会发展需求相适应而产生的必然结果。分享经济加速发展的趋势不可逆转,并将成为人类从工业社会走向信息社会的重要推动力。

二、新的能源动力推动经济形态改变

(一)人类经济形态的演进

2020年4月9日,中共中央、国务院《关于构建更加完善的要文件 4-3：
《关于构建更加完善的要素市场化配置体制机制的意见》

素市场化配置体制机制的意见》(下称《意见》)正式公布，将"数据"作为第五种生产要素，上升到国家战略资源层面加以规划利用。《意见》首次将"数据"与土地、劳动力、资本、技术等传统要素并列为生产要素之一（图 4-2）。

历史阶段		生产要素	代表人物/事件
农业时代		劳动、土地	威廉·配第，庞巴·维克
工业时代	第一次工业革命	劳动、土地、资本	亚当·斯密，萨伊，约翰·穆勒
	第二次工业革命	劳动、土地、资本、技术	马歇尔
数字时代		劳动、土地、资本、技术、**数据**	《关于构建更加完善的要素市场化配置体制机制的意见》

图 4-2　生产要素演变

因为学会了使用"马力"，所以人类社会进入了农业时代，土地和劳动力是这一时期生产力的主要组成部分。第一次工业革命是由蒸汽能驱动的，土地、劳动力和资本成为这一时期生产力的主要组成部分，推动了机械的发明和大规模使用，英国成为"日不落帝国"。第二次工业革命是由电能驱动的，土地、劳动力、资本和技术成为这一时期生产力的主要组成部分，发电机和电动机先后被发明和广泛使用，美国取代英国成为"全球大国"。

在经过农业经济、工业经济之后，人类开始进入数字经济发展阶段（图 4-3）。农业文明是马力的时代，工业文明是气力和电力的时代，Data Power（数据能、数据力）将把人类带入数字经济时代。数据之于数字化，正如交流电之于电气化，数据是新能源，但最好的比喻不是把数据比喻为石油，而是应该把数据比喻成类似于交流电一样的"Power"。

一部经济演进史，在很大程度上是人类社会有关生产要素与财富增长携手并进的历史。而伴随着每一次生产要素的更新必然会出现新的生产方式，并促使生产力的巨大进步，以及随之而来的财富巨大增长过程，同时带来经济发展模式的演变。基于这一逻辑，试想，有了土地、劳动力、资本、技术之外的第五生产要素——数据，将带来无限创新的可能，并成为全社会生产力和社会财富再一次增长的契机（图4-3）。

微视频4-2：对经济形态演变的思考

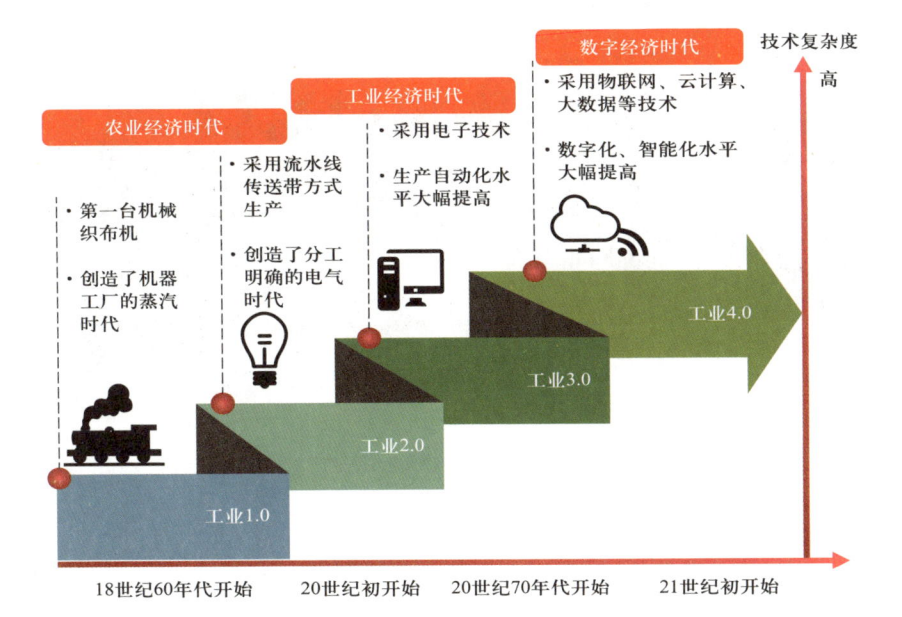

图4-3 人类经济形态的演进

（二）新的能源动力是根本原因

生产要素从劳动、土地、资本到技术的演进，预示着新的生产要素对社会发展的促进作用越大。数据也不例外，作为新的生产要素，数据将在价值创造和分配中占据更重要的位置。

生产要素的价值通过流通和交易而实现，其中市场作为要素配置的机制，帮助实现要素价值的最大化。参考其他要素市场建设，成立数据交易所也是很合理的举措。2015年4月14日，全国乃至全球第一家大数据交易所——贵阳大数据交易所正式挂牌运营（图4-4）。

图 4-4　贵阳大数据交易所

为了理解数据交易存在的挑战，亟须重新认识和了解数据。数据除了商业属性，还具有作为生产要素的其他属性。不同于其他生产要素，由于数据不具备独占性、排他性，也没有稀缺性，从而无法采用传统的交易方式。因此,为了进一步保障数字经济的高质量发展,数据确权、数据定价、数据交易等数据要素市场化、流通机制设计等方面依然有待进一步探索。

> **思 考**
>
> 为什么说数据确权、数据定价、数据交易还有待进一步探索?

(三)新的经济形态决定新的世界格局

中国共产党在带领中国人民一路爬坡过坎、攻坚克难,实现我国长期持续稳定发展的同时,为全球经济增长贡献了中国力量。当前,百年大变局不断演进,单边主义、保护主义甚嚣尘上,经济全球化遭遇逆流,世界经济饱受通胀、地缘冲突等因素拖累,下行风险不断积聚。国际经济格局将随着各经济体的要素禀赋、技术条件、制度条件的变化继续演变,这一过程既有挑战,也存在机遇。

1. 挑战

从要素禀赋看,全球资源配置正在经历一场大变革,主要是因为数据成为一种新的生产要素。目前,世界各国都在加快推进产业数字化和数字产业化,致使主要经济体各自的比较优势也在快速重构。如图4-5所示,过去常说的产业转移,比如把一些劳动密集型的企业从人力成本高的区域转移到人力成本低的区域,可能会发生变化。只需要将这些劳动密集型的产业通过智能化改造,就不用再往人力成本更低的国家转移。这种新的变化可能让发展中国家在全球产业链中更难找到自己的发展机会,而产业链发达的国家之间的分工和合作会变得更加紧密。

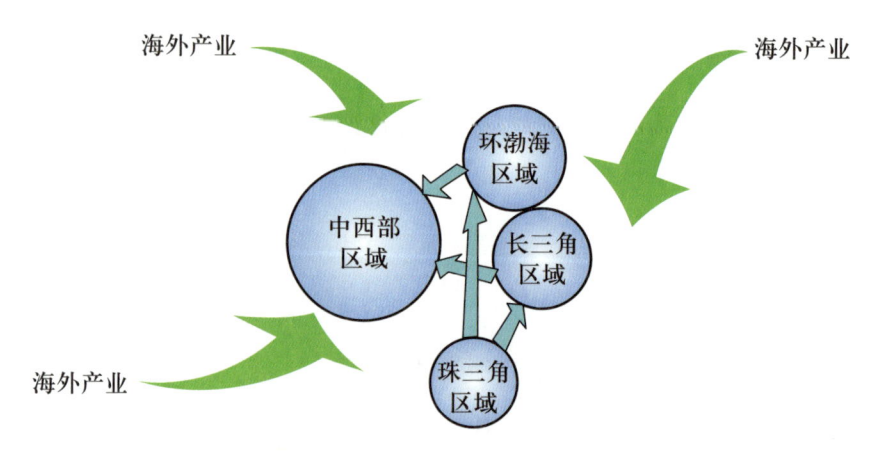

图 4-5　产业转移示意图

从技术条件看,以集成电路、云计算、大数据为基础的人工智能技术将推动全球分工更加精细化,工业产品性能和质量持续提升,产品种类不断增多。智能化将进一步提高分工协作的精密性并降低生产成本。智能驾驶降低运输成本,智能翻译和人机对话等缩短文化距离。不同国家之间的距离包括物理距离、时间距离、文化距离将全方位缩短。

从制度条件看,现有的全球经济治理体系已无法很好地满足现实需要,全球多边规则遭到破坏,全球性危机应对、宏观政策协调、绿色低碳转型、数字经济监管等领域的新机制新规则尚未建立,全球经济治理体系中新旧矛盾并存,亟须改革创新。

2. 机遇

当今世界，人类社会正在进入以数字化生产力为主要标志的新的历史阶段。伴随着云计算、大数据、人工智能等新一代信息技术的发展，数字经济异军突起，成为引领科技革命和产业变革、带动经济增长的重要引擎，甚至成为影响全球竞争格局的核心力量。发展数字经济已经成为全球大势和各国共识。

党中央、国务院高度重视发展数字经济，党的十九大报告专门提到"数字经济""数字中国"。党的二十大报告强调："加快发展数字经济，促进数字经济和实体经济深度融合，打造具有国际竞争力的数字产业集群。"2016年二十国集团领导人（G20）杭州峰会提出数字经济发展与合作倡议，2017年数字经济首次写入政府工作报告，开启了我国推进数字经济发展的新征程。当前，我国经济正处在转变发展方式、优化经济结构、转换增长动力的关键阶段，推动数字经济加快发展，已经成为新时代贯彻新发展理念、建设现代化经济体系、实现我国经济从高速增长转向高质量发展的战略抉择。

当前，我国经济进入新常态，面临着外部环境复杂严峻、下行压力较大等情况，同时也面临着新一代信息技术革命蓬勃发展、全球产业转移等重大机遇。发展数字经济，能够实现产业升级换代，打造新的产业体系；服务业也能通过数字化手段找到新的增长点，变得更有活力；数据资源也能更顺畅地流动起来，形成新的数据市场；政府的数据也能更加地开放共享，让公共数据发挥出更大的价值；大数据还能推动创新，激发大家的创业热情；信息化和新兴产业的融合也能开拓出经济发展的新天地。在此机遇下发展以数据为关键要素的数字经济，已经成为培育发展新动能、促进新旧动能转换的必由之路和战略抉择。

三、新质生产力是数字经济的前提

（一）马克思主义的生产力理论

在《资本论》中，马克思对生产力问题进行了深刻阐述，指出"劳动生产力是由多种情况决定的，其中包括：工人的平均熟练程度，科学的发展水平和它在工艺上应用的程度，生产过程的社会结合，生产资料的规模和效能，以及自然条件。"随着社会生产力的发展，自然科学和生产技术在社会生产中的作用日益增强。生产力中人的因素和物的因素，都同当时一定的科学技术紧密相连，科学技术日益渗透到劳动力、劳动资料和劳动对象之中，引起它们的变化，从而促进社会生产力的发展。

马克思多次提到"生产力中也包括科学"，邓小平在此基础上强调"讲社会主义，首先就要使生产力发展，这是主要的"，创造性地提出"科学技术是第一生产力"的著名论断，并在南方谈话中将解放生产力，发展生产力作为社会主义本质，将生产力标准作为检验工作是非得失的判断标准之一。生产力在我国改革开放进程中得到极大提高，这为发展中国特色社会主义生产力指明了光明前景。

科学技术是第一生产力。随着科学技术的发展，劳动者的生产技术水平不断提高，生产经验日益丰富，生产效率逐步增长。同时，科学技术的发展，不断改进着劳动资料和劳动对象，特别是促进生产工具的变革，提高生产工具的质量，并引起生产过程的其他方面，如生产管理、工艺流程等发生变化，从而推动着生产力的高速发展。

在新一轮科技浪潮中，人工智能、大数据、通信技术、量子科技等前沿技术的迅猛发展，正在影响经济结构、社会形态乃至人类生活的方方面面。这些技术的进步不仅推动了新产业的诞生，也为传统产业的转型升级提供了强大动力。党的二十大后，习近平总书记明确提出新质生产力这个概念和发展新质生产力这个重大任务，是对人类社会发展规律和时代发展大势的深刻把握，是对马克思主义生产力理论的丰富和发展。正如马克思所说，"劳动生产力是随着科学和技术的不断进步而不断发展的"。而新质生产力正是新一轮科技革命背景下的先进生产力代表。

新质生产力是新时代中国共产党人对马克思主义生产力理论的创新和发展。从劳动者方面来看，新质生产力要求劳动者具备更强的创新意识、更多的知识储备、更高的技能水平。从劳动资料方面来看，新质生产力以新发展理念为指导，以科技创新为内驱动力，以原创性技术、颠覆性技术为支撑，以数字技术、人工智能为引擎，具有高科技、高效能、高质量的特征。从劳动对象方面来看，新质生产力旨在以新产业、新模式、新动能为突破口，以战略性新兴产业和未来产业为"试炼场"和主要载体。

新时代发展新质生产力有助于我国在顺应新技术革命和产业变革趋势中加快实现高水平科技自立自强，对实现高质量发展、推进中国式现代化、实现全面建成社会主义现代化强国等目标具有重大意义。

（二）人类历史上生产力的发展

生产力发展历经原始、农业、工业时代，现正迈向智能化的新阶段，呈现由低级向高级演变的合乎规律的历史过程。

从生产工具看，经历了三大阶段：从石器时代到青铜时代、再到铁器时代的手工工具阶段，从 18 世纪中叶到 20 世纪 40 年代的普通机器体系阶段，从20世纪50年代开始的自动化机器体系阶段（或称智能机器体系阶段）。

从能源的情况看，手工工具阶段前期，人们只能用自己的体力充当能源，后来逐渐懂得使用畜力；在手工工具阶段后期，人们进一步学会使用风力和水力，进入使用简单自然力的阶段；由于机器的引入，人类发明了蒸汽机，从而进入机器体系阶段，即蒸汽阶段；由于机器体系不断发展，蒸汽设施被电力设施所取代，这就又进入电气电力阶段；到了20世纪40年代后期，常规能源不能适应自动化机器体系的要求，各种新能源被发现，如核能、太阳能等等，人类又开始进入新能源阶段。

生产力物质因素变化的同时，人的因素也必然发生巨大变化。手工工具阶段的劳动者，基本上属于体力型的；普通机器体系阶段的劳动者，则发展为文化型；与自动化机器体系阶段相适应的劳动者，则是科技型的。这三种类型的劳动者，对应着三个不同发展阶段。

（三）新质生产力的基本特征

与传统生产力形成鲜明对比，发展新质生产力离不开创新，摆脱传统经济增长方式、生产力发展路径的新质生产力，具有高科技、高效能、高质量特征。

新质生产力以创新为第一动力，形成高科技的生产力。科技创新深刻重塑生产力的基本要素，催生新产业、新业态，推动生产力向更高级、更先进的质态演进。发展新质生产力，科技创新在其中发挥着主导作用，要以重大科技创新为引领，推动创新链、产业链、资金链、人才链深度融合，加快科技创新成果向现实生产力转化。如

图 4-6 所示，近年来，我国科技创新能力稳步提高，在载人航天、量子信息、核电技术、大飞机制造等领域取得了一系列的重大成果，进入创新型国家行列，具备了加快发展新质生产力的基础条件。

图 4-6　载人航天、量子信息、核电技术及大飞机制造

发展新质生产力要以战略性新兴产业和未来产业为主要载体，形成高效能的生产力。产业是生产力变革的具体表现形式，主导产业和支柱产业持续迭代升级是生产力跃迁的重要支撑。作为引领产业升级和未来发展的新支柱、新赛道，战略性新兴产业和未来产业的效能更高，为新质生产力发展壮大提供了巨大空间。近年来，我国战略性新兴产业蓬勃发展，2022 年增加值占国内生产总值比重超过 13%，新能源汽车、锂电池、光伏产品（图 4-7）等重点领域产业快速发展，

数字经济等新兴领域形成一定领先优势。我国前瞻谋划未来产业发展，促进技术创新，研发模式、生产方式、业务模式、组织结构等全面革新，发展新质生产力的产业基础不断夯实。

图 4-7　锂电池与光伏

（四）发展新质生产力的路径

当关键科学技术实现突破并发生质的变化时，必然会引发生产力核心要素的变化，产生新质生产力。新质生产力的显著特点是创新，既包括技术和业态模式层面的创新，也包括管理和制度层面的创新。发展新质生产力的实践路径主要有以下几个方面。

在技术层面，亟须增加基础研究财政投入，协调开展面向国家重大战略需求的有组织、跨学科、跨机构科研，发挥举国体制等制度优势，推进关键核心技术协同攻关，加强颠覆性技术和前沿技术研究，加快实现我国高水平科技自立自强。

在产业层面，亟须优化提升传统产业和优势产业，加快推动企业技术改造的设备更新；培育壮大新兴产业，前瞻布局未来产业（图 4-8），紧盯颠覆性技术突破进展，推动重大技术突破。提升产业体系完整性、先进性、安全性水平。

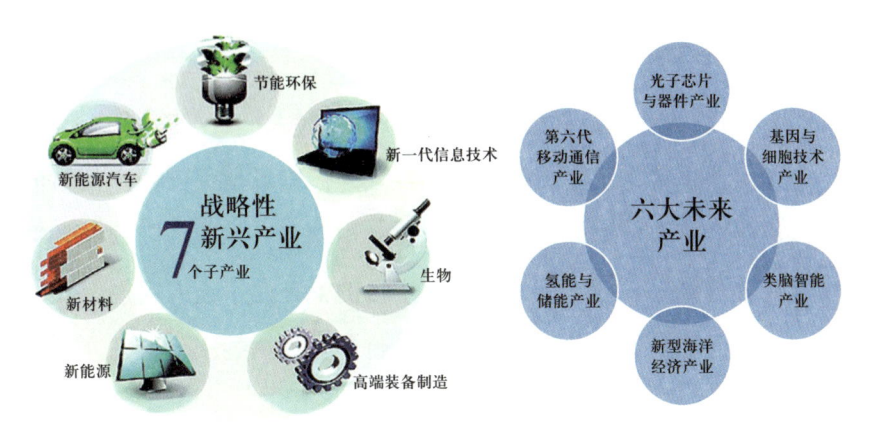

图 4-8　新兴产业与未来产业

在管理层面,亟须形成与新质生产力相适应的新型生产关系。优化产业政策实施方式,加大宏观调控力度,提高政策引导与监管能力。扩大高水平对外开放,支持企业深度参与全球产业分工合作,充分利用国外的技术、资金、人才,鼓励中国企业与国外企业开展多种形式的合作,积极布局合作共赢制度,增强全球产业链、供应链的韧性。

在人才层面,搭建高素质人才梯队,优化高等学校课程设置和人才培养模式,提升科研人才、创新团队培养能力。大力发展职业教育,培训适应数字化生产线、智慧工厂、定制化生产的产业工人及相应的软硬件人才,依托骨干企业建设一批示范性高技能人才培训基地。优化产业人才引培与激励机制,完善产业人才评价体系,加大对重点产业链、供应链创新人才引进的政策支持力度。

四、我国发展数字经济的优势

（一）"人民至上"理念指引下的实践

人民性是马克思主义的本质属性，人民立场是中国共产党的根本政治立场。自中国共产党成立以来，中国共产党团结带领广大中国人民进行革命、建设、改革，根本目的就是为了让人民过上好日子。无论面临多大挑战和压力，无论付出多大牺牲和代价，这一点都始终不渝。

马克思、恩格斯指出："无产阶级的运动是绝大多数人的、为绝大多数人谋利益的独立的运动"，在未来社会"生产将以所有的人富裕为目的"。邓小平同志指出，社会主义的本质，是解放生产力，发展生产力，消灭剥削，消除两极分化，最终达到共同富裕。党的十八届五中全会鲜明提出要坚持以人民为中心的发展思想，把增进人民福祉、促进人的全面发展、朝着共同富裕方向稳步前进作为经济发展的出发点和落脚点。

新形势下，数字化转型已经成为大势所趋，以数据和数字技术为基础支撑的数字化转型正深刻影响着这个时代。2022年，我国数字经济规模同比名义增长10.3%，已连续11年显著高于同期GDP名义增速，数字经济占GDP比重达到41.5%，这一比重相当于第二产业占国民经济的比重。随着数字基础设施的建设和产业数字生态的形成，全国统一的数据市场规则的逐步建立，新型数字化生产关系的重构，将逐渐释放数字经济创新活力和增长空间。

人作为发展的主体，既是数字化转型的重要参与者和推动者，也是数字化转型的最大受益者和见证者。数字化转型过程中，中国共产党一直坚持人民至上，让数字政府、数字经济和数字社会的发展成果更多地造福广大人民。

（二）传统经济的数字化转型

推动传统产业实现数字化转型升级，是加快推动数字产业化、推进产业数字化转型的重要方面。推动传统产业数字化转型，一方面，要打破传统产业的生产周期和生产方式，使企业能够借助互联网广泛的数字连接能力打破时空局限，将产品和服务提供给更广泛的用户和消费者，提升企业生产效率，推动企业生产规模扩大；另一方面，能够让企业有效利用现代数字技术精确度量、分析和优化生产运营各环节，降低生产经营成本，提高经营效率，提高产品和服务的质量，创造新的产品和服务。可见，运用数字技术对传统生产要素进行改造、整合、提升，将大大促进传统生产要素优化配置、传统生产方式变革，实现生产力水平跨越式提升。

随着产业数字化的深入发展，我国数字化进程正由消费端全面渗透到生产端。我国拥有完备的现代工业体系，是全世界唯一拥有联合国产业分类中全部工业门类的国家，在生产端拥有丰富的场景优势。几乎在所有工业领域，我国企业都是世界前沿技术和设备的最大用户。近年来，我国大力推进以 5G、工业互联网为代表的新型基础设施建设，这有利于将我国生产端的用户场景优势转化为产业链供给侧的数据红利。截至 2024 年 6 月，我国已建成全球规模最大、技术领先的 5G 网络，5G 基站累计达 391.7 万座，5G 终端用户突破 9 亿；有一定影响力的大型工业互联网平台超过 340 家，连接设备数超过 9600 万台（套）。这些海量的企业级用户场景和需求数据，将极大地促进我国本土企业针对客户需求开展技术和产品迭代创新的能力，缓解和突破"卡脖子"难题，实现创新驱动发展（见表4-1）。

图4-1 联合国产业分类

门类	类	说明
A	01-03	农业、林业及渔业
B	05-09	采矿和采石
C	10-33	制造业
D	35	电、煤气、蒸汽和空调的供应
E	36-39	供水；污水处理、废物管理和补救活动
F	41-43	建筑业
G	45-47	批发和零售业；汽车和摩托车的修理
H	49-53	运输和储存
I	55-56	食宿服务活动
J	58-63	信息和通信
K	64-66	金融和保险活动
L	68	房地产活动
M	69-75	专业、科学和技术活动
N	77-82	行政和辅助活动
O	84	公共管理和国防；强制性社会保障
P	85	教育
Q	86-88	人体健康和社会工作活动
R	90-93	艺术、娱乐和文娱活动
S	94-96	其他服务活动
T	97-98	家庭作为雇主的活动；家庭自用、未加区分的物品生产和服务活动
U	99	国际组织和机构的活动

五、结束语

数字技术正以新理念、新业态、新模式全面融入人类经济、政治、文化、社会、生态文明建设各领域和全过程，给人类生产生活带来广泛而深刻的影响。随着云计算、大数据、物联网、人工智能等新兴数字技术的快速发展，数字经济已成为经济发展中创新最活跃、增长最快速、影响最广泛的组成部分。我国数字经济在产业规模、科技水平、平台影响力等方面居于世界前列，数字经济增长引擎持续增强。

本章习题

一、单选题

1. "数字经济"这一术语最早出现于（　　）。
   A. 20 世纪　　　　　　　　B. 19 世纪
   C. 18 世纪　　　　　　　　D. 17 世纪

2. 数字经济被看作是继（　　）形态之后的主要经济形态。
   A. 农业经济、工业经济　　B. 工业经济、服务经济
   C. 服务经济、知识经济　　D. 知识经济、信息经济

3. 以下（　　）项不是数字经济推动力的体现。
   A. 云计算　　　　　　　　B. 农业
   C. 大数据　　　　　　　　D. 人工智能

4. 党的十九大报告中提到的两个关键词是（　　）。
   A. 数字经济、数字中国　　B. 信息化、现代化
   C. 网络化、智能化　　　　D. 知识经济、服务经济

5. 数据作为（　　）种生产要素被提升到国家战略资源层面。

  A. 第三   B. 第四

  C. 第五   D. 第六

6. 我国数字经济的发展目标之一是（　　）。

  A. 提升国内生产总值

  B. 提升国际贸易顺差

  C. 促进产业数字化转型

  D. 扩大传统工业规模

7. 数据作为第五生产要素，其基本特征不包括（　　）。

  A. 创造价值   B. 独占性

  C. 参与价值分配   D. 促进经济增长

8. 我国数字经济在（　　）方面具有国际领先优势。

  A. 传统工业规模   B. 5G 基站建设

  C. 农业产能   D. 能源消耗

9. "新质生产力"主要强调（　　）的发展。

  A. 传统产业维持   B. 科技创新

  C. 资源消耗   D. 劳动力数量

10. 根据《二十国集团数字经济发展和合作倡议》，数字经济不包括（　　）。

  A. 人工智能开发

  B. 5G 网络建设

  C. 传统农业种植

  D. 区块链应用

二、填空题

1. 数字经济是以_____为主要生产要素，以现代信息网络为主要载体，以信息通信技术融合应用的全要素数字化转型为推力的一系列经济活动。

2. 金范秀将数字经济定义为一种特殊的经济形态，其本质为"商品和服务以_____形式进行交易"。

3. 数字经济的产业数字化是指以新一代信息技术为支撑，传统产业及其产业链上下游全要素的_____改造。

4. 我国数字经济发展规划设定了基本原则和目标，包括从数据基础、数据要素、_____、_____，到公共服务、治理体系、安全体系、国际合作等方面都提出了明确的任务。

5. 我国数字经济的发展推动了_____、_____、_____、人工智能的广泛应用，推动了新产业、新模式、新动能的发展。

6. 我国_____的建设为数字经济提供了重要的基础支撑。

7. 我国数字经济的发展以_____为主要生产要素，以_____为主要载体。

8. 我国数字经济的发展优势之一是_____，是全世界唯一拥有联合国产业分类中全部工业门类的国家。

9. 唐·塔普斯科特被誉为"数字经济之父"，并创办了_____。

三、简答题

1. 简述数字经济的定义及其在当前经济形态中的重要性。

2. 简述数字经济与传统经济的区别。

3．描述数字经济中的"智慧经济"是如何利用大数据来提升经济活动的。

4．讨论数据作为第五生产要素的提出对经济形态改变的推动作用。

5．讨论数字经济如何促进新质生产力的发展。

6．阐述我国发展数字经济的优势及其对未来经济的推动作用。

7．解释数字经济中"产业数字化"是如何实现的。

8．讨论数字经济对提升国家竞争力的重要性。

9．描述我国在推动数字经济发展方面采取的主要措施。

10．讨论数字经济如何促进我国产业的创新和升级。

第四章
参考文献

第四章
选择题和填空题
答案

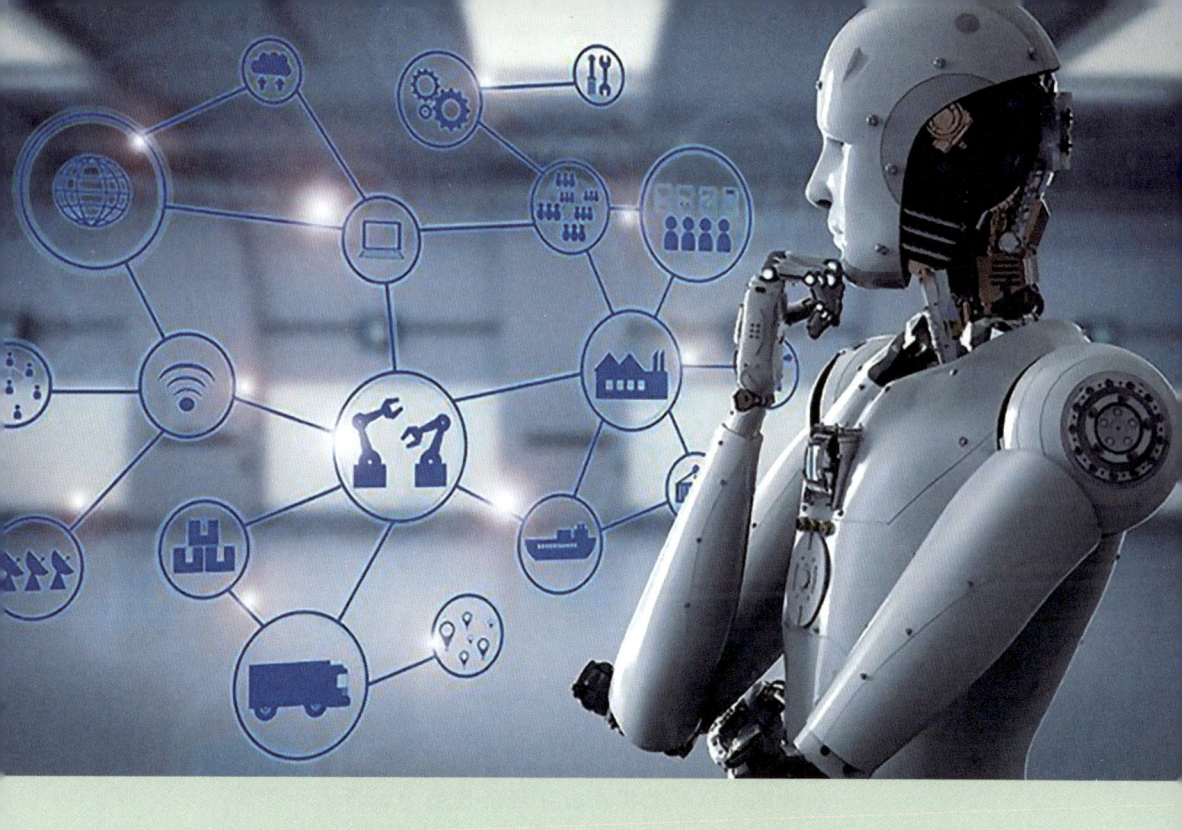

第二篇

技术篇

大数据、人工智能和区块链是新质生产力的典型代表，在信息科技发展中扮演着重要的角色，为信息处理、智能决策和信任科技提供了解决方案，为数字化经济、数字化转型提供技术支撑。技术篇介绍大数据、人工智能和区块链，阐明数据的重要性，以及人工智能、区块链的底层发展逻辑。通过了解这几项技术，帮助读者理解发展信息科技实现数字产业化的重要性和必要性。

第五章　大数据

> **导读**
>
> 大数据在数字经济和数字化转型中起关键作用。没有数据，数字化转型就无从谈起。本章从人类发展历史的视角对数据进行解读，帮助读者理解大数据这一概念的内涵和外延，以及数据在数字经济发展中的角色和作用。

数字经济和数字化转型都离不开数据的广泛积累和应用。"大数据"的概念于2010年横空出世，并被世界各国纳入国家发展战略中。经过十多年的实践，我们对数据的认识已经发生了深刻的变化。数据被视为驱动数字化转型的重要动能，也被视为数字经济中的核心生产要素。推动数字化转型和数字经济是当下的主题，也将必然对未来产生深远影响。此时此刻，在这个关键的历史交汇点，重新认识数据显得至关重要。

一、数据是新的生产要素

2019年11月，中央全面深化改革委员会第十一次会议召开，中央全面深化改革委员会第十一次会议审议通过了《关于构建更加完善的要素市场化配置体制机制的意见》，并于 2020 年 4 月 9 日发布。这是国家抗击疫情的关键时期，足见其重要性。在这份意见中，数据被定义为第五生产要素。从此，数据在数字经济中有了一个明确的定位。

文件 5-1：《关于构建更加完善的要素市场化配置体制机制的意见》

（一）什么是生产要素

生产要素是一个经济学概念，可理解为输入生产过程中的资源。只有向生产过程输入适当的要素，才能输出人们需要的商品和服务。在数据要素的概念被提出之前，从人类发展历史看，排在前四位的生产要素分别是劳动力、土地、资本和技术，数据成为新的生产要素，如图 5-1 所示。

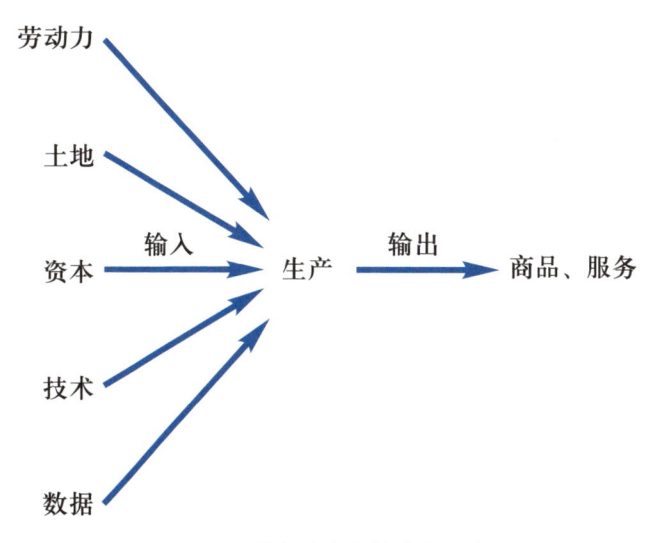

图 5-1　数据成为新的生产要素

概 念

生产要素是生产过程的输入。当投入生产要素后，生产过程才能输出相应的产品和服务。在市场经济中，生产要素的所有者有权参与产出价值的分配。

生产要素的基本特征就是：既创造价值，也参与分配。并且，生产要素创造的价值越凸显，参与分配的占比也就越大。劳动力是第一生产要素，土地是第二生产要素。劳动力是人类与生俱来的，土地的占有者因为参与分配占比较大而成为地主，这是中国人最熟悉的农耕时代的现象。随着第一次工业革命的发生，资本成为第三生产要素。资本因为参与分配占比更大，就诞生了资产阶级及与之相对应的无产阶级。这也是我们所了解的资本主义的现象。

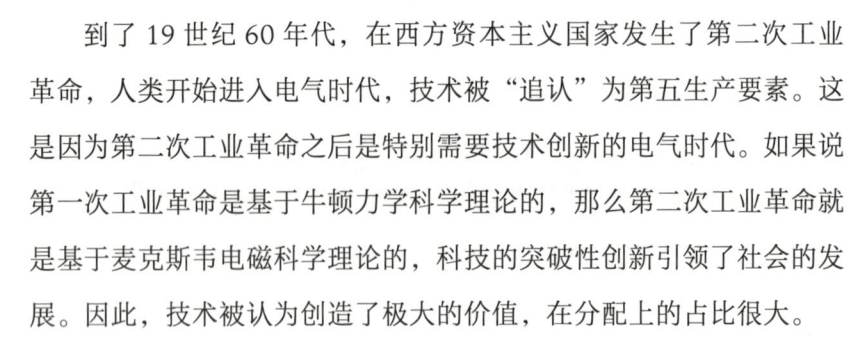

到了 19 世纪 60 年代，在西方资本主义国家发生了第二次工业革命，人类开始进入电气时代，技术被"追认"为第五生产要素。这是因为第二次工业革命之后是特别需要技术创新的电气时代。如果说第一次工业革命是基于牛顿力学科学理论的，那么第二次工业革命就是基于麦克斯韦电磁科学理论的，科技的突破性创新引领了社会的发展。因此，技术被认为创造了极大的价值，在分配上的占比很大。

数据作为生产要素也会创造价值并参与分配。按理说，作为第五位的生产要素，数据创造价值和参与分配的占比都将很大。事实是否如此呢？自 20 世纪末以来，我国诞生了一批著名的互联网企业，这些企业成功地成为独角兽企业。通过调研这些独角兽企业，我们发现

微视频 5-1：
数据是第五生产要素

它们的核心竞争力无一不建立在数据的积累和利用上。这实际上表明数据创造的价值和参与分配的占比都很大。

（二）数据的生产要素化

为了充分发挥数据要素的作用，需要建立数据的基础制度。2022年6月22日，中央全面深化改革委员会在第二十六次会议上发布了《关于构建数据基础制度更好发挥数据要素作用的意见》，强调数据基础制度建设事关国家的发展和安全大局。将数据定义为第五生产要素，是中国共产党人对世界的时代性贡献。数据要素的认知和相关制度的探索对于国家的发展和安全具有重要意义。同时，这种探索也是艰难的。

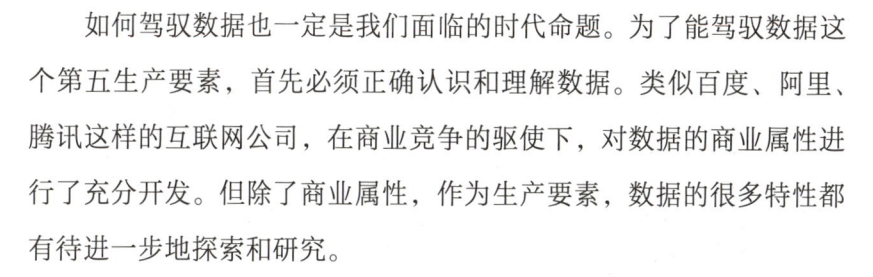

文件5-2：
《关于构建数据基础制度更好发挥数据要素作用的意见》

如何驾驭数据也一定是我们面临的时代命题。为了能驾驭数据这个第五生产要素，首先必须正确认识和理解数据。类似百度、阿里、腾讯这样的互联网公司，在商业竞争的驱使下，对数据的商业属性进行了充分开发。但除了商业属性，作为生产要素，数据的很多特性都有待进一步地探索和研究。

例如，生产要素需要流通和交易。市场作为要素配置的主要机制，可以帮助要素流向创造价值更大的地方。参考其他要素市场的建设，成立数据交易所似乎是合理的举措。然而，我们并不知道如何交易数据。因为数据不具有独占性和排他性，也就没有稀缺性。没有稀缺性就无法采用传统的交易方式进行交易。

又例如，我国正在尝试建立数据产权制度，推进数据的分类、确权和授权使用。然而，数据的分类并不容易。按照确权的需要，数据可以分为公共数据、企业数据、个人数据三类。但我们发现，通过这三个类别，很难做到清晰划分；公共数据同样涉及企业数据和个人数据，企业数据里也有很多个人数据。与此同时，数据的所有权、使用权和经营权的确立和分置也是一个值得深入研究的问题。

2023年，国家数据局成立，正是要落实数据的要素化，为数据要素的流通和使用提供组织保障。

二、认识数据

（一）认识的转变

中国人对"数据"二字有深刻的理解，其字面意思就是"以数为据"。史前文明时期，还没有发明文字和数字的人类靠结绳（图5-2）

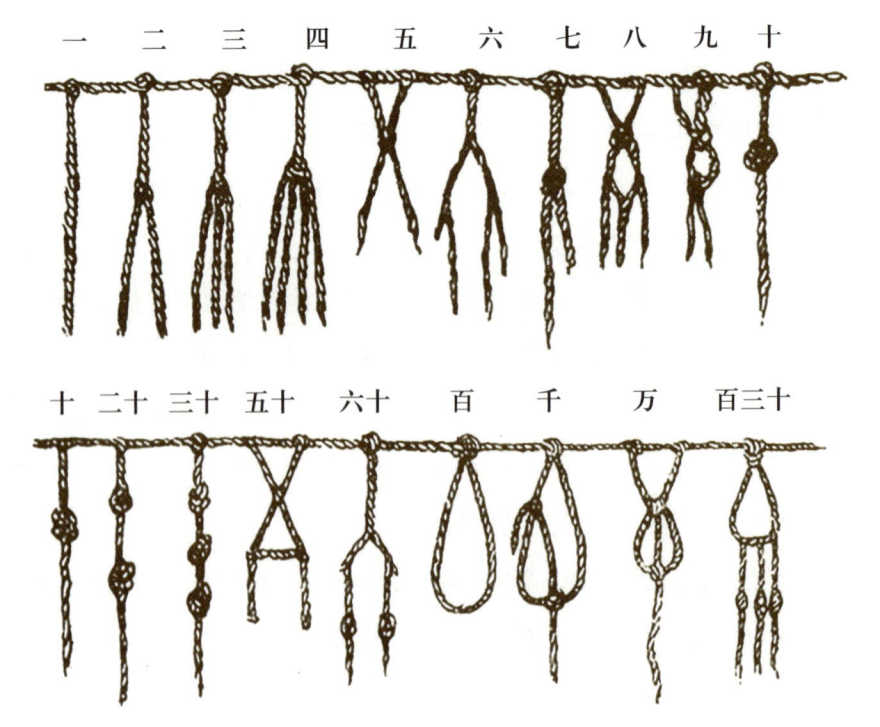

图5-2 古代的结绳计数

来计数。结绳计数体现了"以数为据"的朴素思想。数据是对事实的记录和描述。反过来说，数据是为了记录和描述事实，自人类结绳计数起就是如此。

等到有了计算机，有了数据库，人们对数据的认识和使用方式仍然没有大的改变。在现今时代，为什么电信公司要保存我们每次打电话的记录，为什么银行要记录每笔业务的详情？事实上，电信公司和银行花很大代价保留这些数据就是为了月底或年底的费用收取和结算。学校的信息系统也不外乎如此，保留学生的考勤、作业、测验和考试等数据是为了评定期末成绩，以及毕业季时颁发学位或毕业证书。在以上这些例子中，数据主要被作为事实的记录和依据。

总结起来，数据是人类活动的记录，是人类社会经济活动中产生的副产品。这就是传统意义上对数据的理解和认识，即数据本身不是目的，是为了收费、结算和评定学习成绩服务的。所谓副产品，就是为了生产目标产品，附带生产出来的非主要产品。

数据从传统意义上的副产品变成现在的第五生产要素，是这个时代的一个重要变化。其意义重大，影响深远。对人类社会而言，副产品是越少越好，但新要素却越多越好。被电信公司、银行作为副产品记录在计算机中的数据，随着时间的推移，其体量也越来越大，记录的信息也越来越全面。通过对这些数据的分析和处理，可以洞察一个用户或行为主体的诸如信用、实力、习惯和偏好等方面。起步于20世纪90年代的客服关系管理（customer relationship management，CRM）、商务智能（business intelligence，BI）和信用体系，其实都是对作为副产品的数据的再利用，是"变废为宝"。可以说，是信息技术的应用给数据带来了"翻身的机会"。

"大数据"从 2013 年开始变成全民热词，意味着全社会对数据的认识进入一个崭新的阶段。从一个副产品变成一个新生产要素，意味着数据的重要性变得极为突出。我们称其为大数据，并不只是强调数据规模的大小，而是在强调它的重要性。大数据的源头是互联网，没有互联网，人们就不会对数据重要性有这样的认识。互联网使我们意识到数据的极端重要性。二十多年前，当人们听到"互联网改变世界"这样的说法时，可能还不以为然，然而时至今日，人们已经深刻地感觉到，互联网改变了世界。

概 念

大数据技术指的是发挥数据要素价值的一系列科学技术。

（二）数据驱动互联网

在人类的文明史上，从来没有哪一项科研成果像互联网这样深刻地改变世界和人类本身。互联网改变了人与人之间的关系，它改变的不仅是人和人之间表面的连接关系，而且通过收集人们的在线行为数据实现了大规模、个性化的服务，给人以极佳的服务体验。

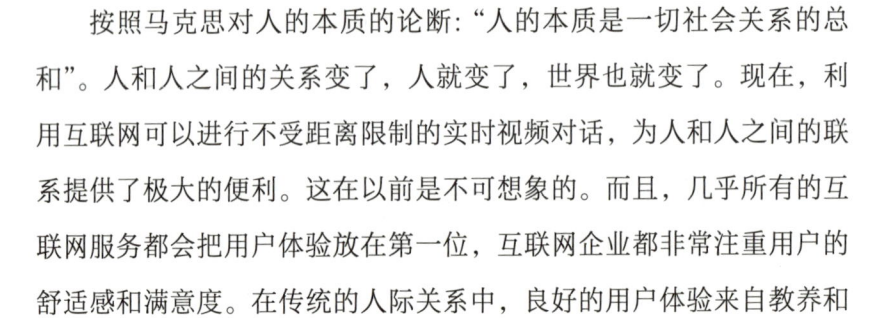

按照马克思对人的本质的论断："人的本质是一切社会关系的总和"。人和人之间的关系变了，人就变了，世界也就变了。现在，利用互联网可以进行不受距离限制的实时视频对话，为人和人之间的联系提供了极大的便利。这在以前是不可想象的。而且，几乎所有的互联网服务都会把用户体验放在第一位，互联网企业都非常注重用户的舒适感和满意度。在传统的人际关系中，良好的用户体验来自教养和

微视频 5-2：
大数据的源头
是互联网

投缘。互联网能够把用户体验做到极致，是因为互联网平台可以在线采集用户的行为数据，通过对用户行为数据的分析来洞察用户的喜好，通过个性化服务有针对性地改善用户体验。

互联网平台收集的大量的用户行为数据，与传统信息系统存储的数据相比，有很大的不同。首先，它是互联网平台主动收集的，不是为了完成外部某个任务而被动收集的。其次，这些数据不再是副产品，它本身就是互联网产品的重要组成部分。

目前，几乎所有的互联网产品和服务都是由数据驱动的。搜索引擎利用用户搜索行为数据实现了更精准的搜索效果和更佳的用户体验，还将在线广告的效益提升到了极致。电商平台利用用户购物行为数据实现了精确的用户画像，大幅提升了个性化商品营销的程度。在线支付平台利用支付和销售数据准确掌握了用户和商家的信用，从而实现了精细化的金融服务，并迅速扩大了金融的业务范围。互联网的发展深刻改变了购物、社交、金融等行业的业态，其本质是发挥了蕴藏在数据中的巨大价值。当今的大型互联网企业的核心竞争力几乎都建立在数据的积累和利用上。有的甚至以数据积累为"护城河"，在行业内实现了垄断。

可以说，正是互联网本身的发展，让人们认识到数据的重要性，奠定了数据由副产品变成新要素的认知基础。

（三）数据驱动人工智能

作为新要素，数据不但驱动了互联网的发展，还带来了新一代的人工智能。我们在谈论数字化转型时经常会用"数智化"来代替"数字化"。"数智化"不仅是一个新颖的提法，实际上也意指基于数据的人工智能。

从 1997 年的国际象棋人机（"深蓝"）大战，到 2011 年的 Watson 系统参加百科知识电视抢答赛，IBM 公司意在把人工智能这个几乎和计算机一样古老的概念重新炒热，但一直没有成功。直到 2016 年，AlphaGo 取得了突破，人工智能从此由一个专业术语变成一个全民热词。以 AlphaGo 和 ChatGPT 为代表的这一波人工智能的特点就是数据智能，即驱动数据的人工智能。如果没有数据作为基础，就不会有这一波人工智能的迅猛发展，也不会有"数智化"一说。

李飞飞是普林斯顿物理系的本科毕业生、加州理工学院电子工程系的博士毕业生。她是人工智能领域的杰出代表，于 2012 年通过基于 ImageNet 数据集的大规模视觉识别挑战赛，发现了卷积神经网络（convolutional neural networks，CNN）模型在图像识别方面具备超乎寻常的能力。作为理论物理造诣很深的学者，可能是因为看到了数据的极端重要性，她转行成为了人工智能学者。凭借对人工智能的良好直觉，她通过互联网发起了众包模式的数据集收集和标注项目，构建了超大规模的 ImageNet 数据集。ImageNet 数据集为挑战赛提供了史无前例规模的训练数据。2012 年比赛的冠军模型 AlexNet 在图像识别方面的准确率比第二名高出了 41%，这个突破改变了人们对人工智能的看法，从而触发了新一轮人工智能的研究热潮。

ImageNet 改变了人们对人工智能模型的思考方式。从那时起，人们开始相信：只要有足够的数据，就可以训练出足够强大的模型。AlphaGo 背后是一个卷积神经网络模型，拥有数以亿计的参数，由全世界能找到的所有围棋对弈棋谱训练而成。它让计算机的围棋技艺第一次超越了人类。ChatGPT 3.0 背后的大语言模型有 1 750 亿个参数，由全世界能找到的所有高质量语言文字资料训练而成。这种大语言模型几乎可以精通所有的语言，并回答各种知识型问题。它再一次突破了人们对人工智能模型的认识。

人工智能的突飞猛进让人们认识到数据的重要性。未来的人工智能产业必定是以数据为核心生产要素的产业。

（四）数据驱动科学发现

数据还带来了新科学。2007年1月11日，时任微软首席科学家的詹姆斯·格雷（James Gray）在美国加州山景城召开的美国国家研究理事会计算机科学与通讯分会会议（national research council - computer science and telecommunications board, NRC-CSTB）上发表了题为"科学方法的革命"的演讲。詹姆斯·格雷是加州大学伯克利分校的第一位计算机博士，是世界著名的计算机科学家，凭借在数据库事务处理理论方面的突出贡献获得了1998年的图灵奖。

在他的那次著名的演讲中，格雷提出了科学研究的第四范式，即数据密集型科学发现方法（data-intensive scientific discovery），并将科学研究的前三个范式分别定义为实证范式、理论范式和计算范式。简单来说，第一范式是牛顿的范式，第二范式是爱因斯坦的范式，第三范式是于敏的范式。

微视频5-3：科学研究的第四范式

第一范式的特征是：先提出可能的理论假设，再通过实验搜集数据，然后通过计算来验证和调整假设。牛顿是第一范式的代表人物，他作为现代科学的奠基人，最大的贡献是发明了微积分，然后用数学方程（模型）来描述自然现象。

第二范式的特征是：利用新的数学工具推导出数学模型，再通过泛化来预测可能的物理现象。爱因斯坦是第二范式的典型代表人物，他凭借极好的物理直觉，利用黎曼几何等数学工具推导出狭义相对论和广义相对论，预示了引力波和黑洞的存在，在发展物理学的同时发展了数学，成为20世纪最伟大的科学家。

第三范式是在计算机发明之后出现的新的科学研究范式。它的基本特征是：利用计算机对复杂的现象进行模拟仿真，以此来代替科学实验和科学观测，进而拓宽了科学研究的边界，提升科学研究的效率。在我国，第三范式的代表人物就是两弹元勋于敏院士（图5-3）。他是一位理论物理学家，在20世纪60年代我国原子弹核试验过程中总结并发明了核爆炸方程。此后，我国进行核器件研制时就无需进行核爆炸和核试验，而是通过计算机模拟仿真来进行试验验证。

第四范式是数据驱动的科学范式，其基本特征是：先有大量已知数据，然后通过计算发现之前未知的知识或理论。其实，这一范式在现代科学诞生之初就已经出现了。

图5-3　于敏院士的工作照

概念

第四范式是人类的第四种科学发现方式,是一种以数据为基础的科学发现方式。它先收集科学观测或人类活动数据,再利用计算机并通过统计或人工智能方法提取隐藏在数据中的规律,然后利用这些规律去获得新的科学发现。

天文学是早于牛顿时期进入科学范畴的一门学科。17 世纪初,德国天文学家开普勒根据丹麦天文学家第谷 20 多年观测火星位置所得到的数据,总结出了太阳系行星运动三大定律(开普勒定律)。这三大定律分别涉及太阳系行星的轨道形状、运行速度以及运行周期,分别称为椭圆定律、面积定律和调和定律。开普勒能取得如此巨大的成就,很重要的一个原因是他得到了第谷 20 多年观察与收集到的非常精确的天文数据。这实际上是运用第四范式而获得的科学发现。开普勒定律为牛顿发现牛顿运动定律和万有引力定律打下了基础。1609 年,开普勒提出开普勒第一定律和开普勒第二定律,1687 年,牛顿发表《自然哲学的数学原理》总结出牛顿运动定律和万有引力定律,这些科学发现使得 17 世纪成为了现代科学诞生的世纪。

微视频 5-4:
数据带来新的科学

当前的大数据和人工智能时代与四百多年前开普勒所处的时代有很多相似之处。通过现代科学仪器,科学家收集并积累了大量的科学观测数据。利用科学数据和人工智能模型,科学家已经在生物、医药、材料等领域取得了众多科学发现。人工智能模型能够快速捕捉隐藏在数据中的规律，并通过推广这些规律去发现诸如蛋白质空间结构（图 5-4）、分子结构、药物靶点等新知识。虽然被人工智能模型捕获的规律很难被解释和表达，但这并没有阻碍科学家利用人工智能模型去发现更多新知识。

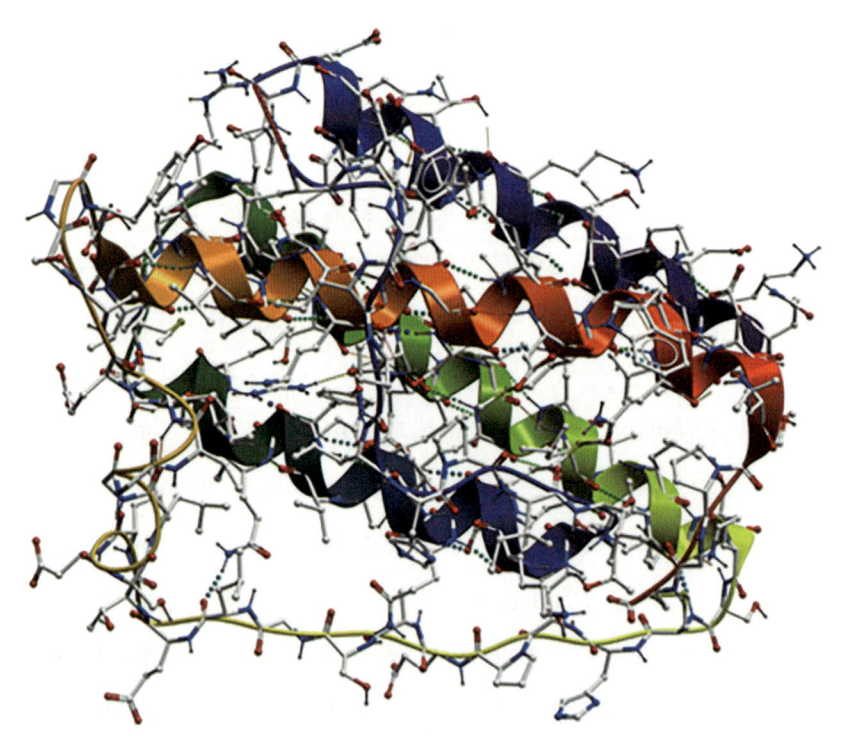

利用大数据和人工智能，人类已经可以通过蛋白质的分子式预测它的空间结构，从而掌握各类蛋白质的作用。

图 5-4　蛋白质空间结构示意图

人工智能模型的不可解释性根本在于其背后的数学基础还不清楚。ChatGPT 背后的模型称为 Transformer，提出 Transformer 的论文于 2017 年发表。在那篇论文最后的结束语中这样解释道："我们无法解释为什么这些架构看起来是有效的。我们把它们的成功,就像其他所有东西一样,归功于神的仁慈。"这和 17 世纪初开普勒基于第谷收集的数据发现行星运行的开普勒定律一样。直到牛顿 17 世纪后半叶提出万有引力定律,才对开普勒的发现给出了一个完美的物理学解释。因为提出牛顿运动定律和万有引力定律,牛顿成为现代科学的奠基人,根本上归功于微积分的发明,微积分是牛顿科学范式的数学基础。

第四范式是科学发展螺旋式上升的一个新阶段。相比四百多年前第谷用肉眼观察天象和记录数据,现在数据的收集和记录方式已经发生了天翻地覆的变化。现在的传感器、物联网以及各种终端和后台信息系统都是为了收集和记录数据而存在的。进入大数据时代后,科学又重新进入了一个新的"前牛顿时代"。我们期待人类的数学理论在未来能得到进一步拓展,从而可以解释人工智能模型和它捕获的科学规律。但在获得可解释性之前,我们仍然可以利用数据去不断推动科学的发展。

(五)数据驱动物联网的发展

在我国,internet of things(IOT)被翻译成"物联网",这一翻译很快就得到各界人士的一致认可。实际上,英文中的"things"这个词不是单指"物",而是指"事情"或者"东西"。"anything"是"任何东西"的意思,"everything"是"每一件事"的意思。

中国人把 internet of things 翻译成物联网,其背后有强大的中国文化的支撑。中国人讲究"天人合一"和"万物互联"。但是,值得认真思考的是:什么将万物互联在一起?人们常常会认为是有线或无线的通信网络将万物连在一起。但从本质上理解,应该是数据将万物连在一起。物联网或传感器的节点本质上是人类认知的延伸，就像显微镜或其他仪器一样，是对人类认知能力的扩大或延伸。

物联网节点采集数据，在特定的时间或空间上将数据打通，万物就连接起来（图5-5）。也就是说，数据是万物互联的纽带和桥梁，而数据又是人们对客观世界认知的结果在计算机中的表示。因此，我们在说万物互联的时候，背后强大的潜台词是："人类是万物之灵"。由此展望，大数据的广泛应用将促进新的人文主义的发展。

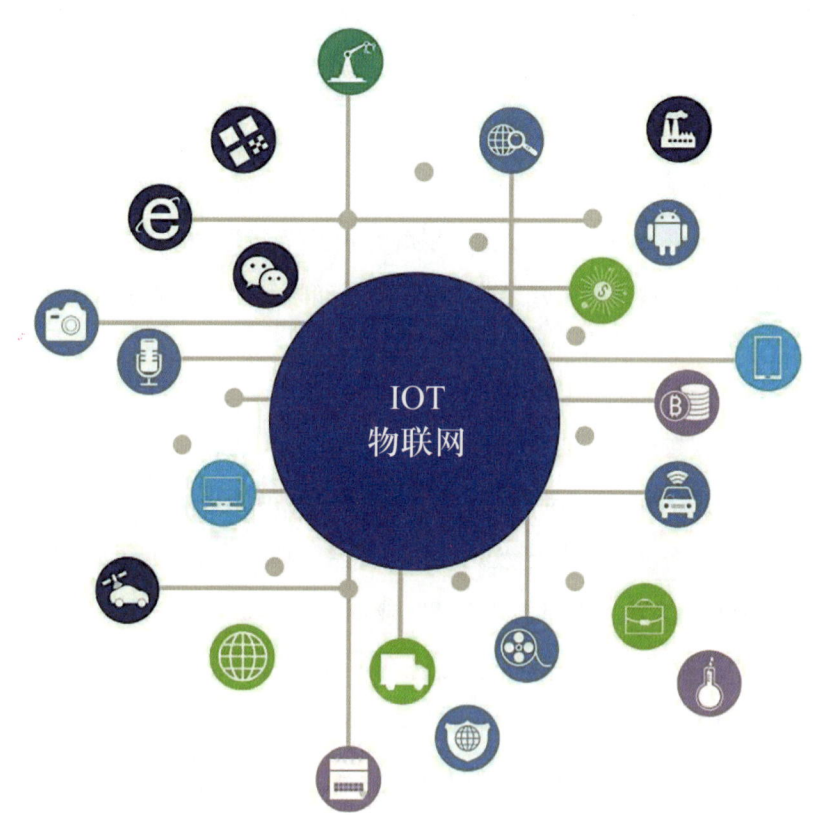

图5-5 在物联网中，数据将万物连在了一起

三、数据在数字经济中的作用

（一）数据是新的能源

数据成为关键的生产要素标志着人类的经济发展进入新的阶段，即数字经济时代。经济发展阶段的更迭的一个重要标志是能源动力的更替。在数字经济时代，数据可以被视为一种新能源动力，可类比电气时代的电能，其对应的英文单词是 power（可以称 data is power），因为数据就像电一样会带来世界的深刻变化。

众所周知，人类对蒸汽能的利用引发了第一次工业革命，而对电能的利用引发了第二次工业革命。蒸汽能是机械化的前提，机械化的发展使得大规模工业生产成为可能，使得生产力相较于依靠人力和畜力的农业生产有了数量级的提高。第一次工业革命发生在 18 世纪 60 年代的英国。经过 30 年左右的发展，英国的国家实力得到了显著增强，再通过资本扩张和殖民活动，英国成为了"日不落帝国"。

电能引发的第二次工业革命则为美国的崛起提供了契机。电的发明主要来自欧洲，像欧姆和安培这样的科学家都来自欧洲。但欧洲并没有为电能的发展提供足够的支持。在 19 世纪末电能被大规模推广应用之前，英国已经将蒸汽能和机械化技术发挥到了极致，他们不愿意放弃遥遥领先的蒸汽能和机械化，而和其他国家站在同一起跑线上去推行电气化。相比之下，当时的美国作为英国的殖民地和后发展地区，在爱迪生和特斯拉等发明家、科学家的努力下（图 5-6），充分认识到了电的威力，在世界范围内率先开始电气化转型，引领了第二次工业革命，从而成功实现了对英国的逆袭。

图 5-6　1882 年爱迪生在曼哈顿下城区的珍珠街建立第一个发电站，开启了电气时代

蒸汽能代替牲畜的肌肉能，引发第一次工业革命，英国得以成为世界强国；电能取代蒸汽能，引发第二次工业革命，美国得以成为世界强国。从历史中看到，能源动力的更替会引起国际格局的变化，甚至伴随着世界中心的转移。因此，我们也可以理解，为什么当数据成为新的能源动力后，世界各国都非常重视大数据产业的发展。

数据是新的能源动力。它的作用堪比一百多年前的交流电。当前的时代也就像一百多年前特斯拉刚刚发明交流电的时候一样，需要构建强大且易用的数据基础设施，让数据能够像电一样被广泛利用。我们不仅需要研究数据的"发电机"和"电动机"，还需要研究数据的使用原理（如同电的变压原理、传输原理），以及数据的保护技术（如同电的绝缘材料和继电保护装置等）。只有深刻认识和理解了数据，才能像建电网一样把数据打通，让数据好用，让业务人员把数据用好。

最终，各行各业都需要构建数据赋能平台，并帮助业务人员提高数据能力。数据赋能平台将发挥两层作用：首先是打通数据，就像建电网让电力联通一样；其次是让数据好用，就是把数据技术装备化、傻瓜化，便于业务人员使用数据，充分发挥数据能的威力。受微软 Microsoft Power Platform 的启发，数据赋能平台的英文可以翻译为 Data Power Platform。在已有的概念中，可以用"数据中台"来准确表达。数据中台实际上是数字化的智能中枢，也称为数字大脑，目标就是将数据打通，把数据变成像电一样方便使用的公用事业。

延伸阅读

微软在 2020 年 4 月份发布了 Microsoft Power Platform，在这个平台上统一集成了 Office 365、Dynamics 365 和各类独立应用。微软 CEO 萨蒂亚·纳德拉称之为"助力企业数字化转型的低代码平台"。Microsoft Power Platform 中的 Power 的表面含义是"赋能"（即 empower）。事实上，提供"助力"的是平台背后的数据。这与"data is power"的观点不谋而合。

这个平台的第一个目标就是实现数据大众化，通过数据连接器和通用数据服务（Common Data Service）整合业务数据，提升数据洞察能力。数据大众化就是把数据变成公用设施（public utility），让各行业的业务能充分发挥数据的作用。

为此，平台的第二个目标是实现开发大众化，即构建一个低代码、低门槛的程序设计平台，让普通的业务人员能够使用数据为企业灌注强大的创新力。平台的第三个目标是实现人工智能大众化，其中 AI Builder 能够根据数据和需求自动或半自动地构建应用。微软 2023 年 3 月宣布的 Copilot 就是朝着实现数据大众化、开发大众化和 AI 大众化这个愿景的实质性进展。

由此可见，Microsoft Power Platform 的目的与上述数据赋能平台的目的是一致的。

（二）新能源催生新经济

新的能源动力的出现将促进经济的变革，而能源动力更替将引发经济形态的改变。马力是英国人发明的概念，是功率的度量单位。马力是农业经济时代的生产驱动力。工业经济时代有两个很重要的能源动力，其中蒸汽能引发第一次工业革命，电能引发第二次工业革命，两次工业革命成就了工业文明。而数据能则把人类带入数字文明时代。数字经济是人类进入数字文明时代的经济形态，是与工业经济和农业经济对等的概念。每一次工业革命引发的经济变革，都让生产力得到了极大的提升。

数据对于数字化转型的作用就像交流电对电气化的作用一样，这也契合了"data is power"的基本观点。如果要进行电气化转型，首先就要发电，其次就是要建电网，把电送到千家万户，配备实用的电器，然后才能实现生产或生活的电气化。同样，如果有了数据，并为之建立了数据中台，让数据好用，再充分应用数智（数据驱动的人工智能）技术，就可以实现数字化转型。

数字经济是传统经济经过数字化转型后的结果。发展数字经济需要人的推动，尤其需要弘扬企业家精神。对企业家精神的直观解读就是：做别人没有做过的事情，用别人没有用过的方法，并持之以恒地实现目标。培养企业家最重要的是推广企业家精神，而不只是鼓励大家创办企业那么简单。

数字经济的基本特征是：以数据资源为重要生产要素，以现代信息网络为主要载体，以信息通信技术融合应用，全要素数字化转型为推动力，以及促进公平与效率更加统一。数字经济会带来重大的时代转型。它不仅仅带来生产方式的变革和生活方式的巨变，而且会带来经济结构的重组，更重要的是会带来生产关系的再造。生产关系的再造就意味着社会变革。

按照马克思主义理论，革命发生的原因是旧的生产关系束缚了生产力的发展，代表先进生产力的人们会组织起来打破旧的生产关系，建立新的生产关系。当数字经济发展遭遇生产关系的束缚时，发展数字经济实际上就是在进行一场生产关系的变革。我国率先将数据作为新的要素，并推动数据确权、数据入表和数据交易等研究与实践，主动迎接数字经济发展带来的变革。

党的二十大报告强调，要坚持和加强党的全面领导，把党的领导落实到党和国家事业各领域各方面各环节，强化经济、重大基础设施、金融、网络、数据、生物、资源、核、太空、海洋等安全保障体系建设。

习近平总书记对 2023 年 7 月召开的全国网络安全和信息化工作会议作了重要指示，强调坚持"党管互联网"的基本原则。互联网改变了世界，互联网带来深刻改变的底层逻辑是数据。由此可见，党管数据，这样也就能理解 2023 年成立国家数据局的重要意义。BAT 实现了数据的商业属性，同时，数据还具备人民属性。没有人就没有数据，数据来源于人，数据为了人。只有在社会主义国家才会成立国家数据局，目标就是要实现"人民数据为人民"的基本理念。

思 考

数据要素对发展数字经济的重要性体现在哪里？缺乏数据要素确权和流通的相关规范，对数字经济发展有哪些影响？

四、结束语

本章阐述了大数据的概念及其在数字经济中的关键作用。数据成为新的生产要素是数字经济这一发展阶段的重要标志。数据也是推动数字化转型的核心动能。不仅数字经济时代的生产、流通、消费和分配都离不开数据，而且未来的科学研究和人工智能研发也都将由数据驱动。作为数字素养的一部分，数字时代的数字公民需要建立正确的数据观，并且不断增强自己运用数据的意识和能力。

本章习题

一、单选题

1. 数据带来新的人文主义主要体现在（　　）。

    A. 数据是万物互联的媒介和桥梁

    B. 数据凸显"人是万物之灵"

    C. 数据使"以人为本"成为现实可能

    D. 以上都是

2. "大数据"的概念是在（　　）年代被广泛认知的。

    A. 2000　　　　　　　B. 2010

    C. 1990　　　　　　　D. 1980

3. 马克思的《资本论》主要揭示的生产要素是（　　）。

    A. 劳动力　　　　　　B. 资本

    C. 土地　　　　　　　D. 技术

4. 互联网公司如百度、阿里、腾讯的核心竞争力建立的主要基础是（　　）。

    A. 技术创新

    B. 广告收入

    C. 数据的积累和利用

    D. 市场规模

5. 数据作为第五生产要素，它和其他生产要素的主要区别在于（　　）。

    A. 数据没有独占性

    B. 数据所有者无法参与分配

    C. 数据无法创造价值

    D. 数据的价值无法衡量

6. 习近平总书记对网络安全和信息化工作作出的重要指示中强调的基本原则是（　　）。

  A. 市场主导　　　　　　　　B. 政府监督

  C. 党管互联网　　　　　　　D. 技术自主

二、填空题

1. 生产要素的基本特征是既_____，也_____。

2. 在工业时代，四个生产要素分别是：土地、劳动、资本、_____。

3. _____比赛让科学家们认识到海量数据对构建人工智能的意义。

4. 詹姆斯·格雷提出的科学研究的第四范式是_____型科学发现方法。

5. 数据成为新的能源动力标志着人类的经济发展进入_____阶段。

6. 数据驱动的人工智能产业必定是以_____为核心生产要素的产业。

7. 数据需要具有_____属性。

8. 数字经济的基本特征是以_____为重要生产要素，以_____为主要载体。

9. 物联网实际上是通过_____将万物连接在一起，实现更广泛的互联互通。

三、简答题

1. 如何理解"数据是新的能源动力"？

2. 简述数据作为数字经济中的核心生产要素，具有哪些基本特征。

3. 第四范式的科学研究的实施过程是什么？

4. 为什么说数字经济时代的生产、流通、消费和分配都离不开数据？

5．数据如何再造生产关系？

6．分析数据治理的重要性。

7．简述我们应如何建立对数据的正确认识，增强运用数据的意识和能力。

第五章
参考文献

第五章
选择题和填空题
答案

第六章 人工智能

导读

本章在回顾人工智能自 1956 年达特茅斯会议以来演变历程的基础上,基于人工智能高速发展的重要事例讨论其典型特点。然后,从科技革命的角度分析当前人工智能主流技术的"数据智能"本质,并讨论人工智能产业发展的特点和必经之路。

一、人工智能时代

(一)人工智能极简史

事实陈述

1956 年夏,麦卡锡(John McCarthy)、明斯基(Marvin Minsky)、罗切斯特(Nathaniel Rochester)和香农(Claude Shannon)提议发起在美国达特茅斯学院举办了一个 20 位科学家参加为期 8 周的"达特茅斯人工智能夏季研讨会"(Dartmouth summer research project on artificial intelligence）。这个会议一般称为达特茅斯研讨会（Dartmouth workshop）。在这一头脑风暴式的研讨会上，与会的科学家们从不同角度讨论了用机器模拟人类"学习"或者其他"智能"的可能性和实现路径。这个会议对人工智能的很多研究方向的兴起产生了重要影响。这个会议之后，人工智能（artificial intelligence，AI）这个名词逐步被学术界和社会认可。因此，这个研讨会一般认为是人工智能学科诞生的标志。

人工智能是研发能够模拟、延伸和扩展人类智能的理论、方法、技术及应用系统的一门技术科学，研究目的是促使智能机器实现"耳聪目明""能说会道""心灵手巧"和"最强大脑"。

图灵（Alan Turing）在1950年发表的论文《计算机器与智能》（Computing Machinery and Intelligence）提出的"图灵测试"，即"如果一台机器能够与人类进行对话，连人类都无法判断对话者是否是一台机器，那么可以合理地说这台机器正在'思考'"。这是人工智能的起源，因此图灵也被誉为"人工智能之父"。

人工智能的探索道路曲折起伏、充满未知。自1956年以来60余年里，如何描述人工智能，学术界可谓仁者见仁、智者见智。学术界一般认为1956年的达特茅斯会议是人工智能学科诞生的标志。对人工智能发展历程的主流划分方法，一般分为以下6个阶段。

一是起步发展期：1956年至20世纪70年代初。人工智能概念被提出后，相继取得了一批令人瞩目的研究成果，如机器定理证明、跳棋程序等，掀起人工智能发展的第一个高潮。

二是反思发展期：20 世纪 70 年代初至 80 年代初，人工智能经历了一段充满突破性进展的时期，这极大地激发了人们对该技术的期待。在这种乐观情绪的驱使下，研究者们开始探索更加复杂的任务，并设定了一些过于雄心勃勃的目标。然而，随着一系列项目的失败和目标未能达成（例如，计算机在证明两个连续函数之和的连续性上遇到了困难，以及机器翻译产生的错误），公众对人工智能的信心开始动摇。这导致了政府和社会对人工智能研究的投资减少或暂停，使得人工智能的发展遭遇了一段困难时期。这段历史通常被称为人工智能的"第一次寒冬"。

三是应用发展期：20 世纪 80 年代初至 80 年代中后期，专家系统的发展标志着人工智能领域的一个关键转折点。这些系统的设计初衷是模拟人类专家的决策过程，以解决特定领域的复杂问题。在这一时期，专家系统不仅将人工智能从纯粹的理论研究推向了实际应用，也从一般性的推理策略探讨转向了对专业领域知识的深入应用。专家系统在医疗、化学、地质等多个领域取得了显著的成功，引领人工智能进入了一个以应用为主导的新发展阶段。

四是低迷发展期：20 世纪 80 年代末期至 90 年代中期，随着人工智能技术的广泛应用，专家系统固有的一系列问题逐渐显现。这些问题包括应用范围的局限性、对常识性知识的缺失、知识获取的难度、推理方法的单一性、缺乏分布式处理能力、与现有数据库的兼容性问题以及高昂的维护成本等。到了这一时期的后期，美国和日本政府资助的人工智能大型研究项目因未能实现既定目标而宣告失败。1993 年，全球超过 300 家人工智能公司遭遇关闭、破产或被收购的命运，标志着人工智能技术的第一次商业化浪潮的衰退，这一时期也被称为人工智能的"第二次寒冬"。

五是稳步发展期：从20世纪90年代中期到2005年，随着计算机处理能力、数据收集、传输和聚合技术的显著提升，以机器学习为核心的人工智能技术实现了快速发展，并在若干关键领域取得了显著突破。一个具有里程碑意义的事件是1997年，IBM公司的超级计算机"深蓝"（见图6-1）战胜了国际象棋世界冠军卡斯帕罗夫。此外，机器学习技术在商业领域的数据分析和挖掘中也得到了广泛的应用和认可。

图6-1 "深蓝"超级计算机

六是蓬勃发展期：2005年，斯坦福大学研究团队的机器人在美国国防部高级研究计划署（defense advanced research projects agency，DARPA）举办的无人车竞赛中，和其他4支队伍的机器人一起完成了总长 212 km 的无人驾驶越野比赛。在此前的比赛中没有无人车能够到达终点，这是首次实现突破。在这一阶段，互联网、云计算、大数据、物联网等信息技术的迅速发展，为海量真实的泛在感知数据的积累奠定了基础。同时，以图形处理器为代表的计算技术的发展支撑了同样爆发式发展的深度神经网络等人工智能模型的飞速发展，大幅跨越了科学研究与应用之间的"技术鸿沟"。人工智能技术在诸如图像和语音识别、人机对弈、无人驾驶、知识问答和推理、虚拟仿真、内容生成等应用问题中实现了从"不能用、不好用"到"可以用"的技术突破，迎来爆发式增长的新高潮。

2022 年底，OpenAI 公司发布了 ChatGPT 服务，在人机文字对话领域取得了令人惊艳的效果。"机器是否以及如何能够通过图灵测试？""机器是否已经通过了图灵测试？"的古老话题再次吸引了学术界和社会的广泛关注。此后，OpenAI、Google 和 DeepMind 等企业的一系列人工智能产品和应用、服务不断刷新了人们对人工智能技术的认识和预期。人工智能技术和应用再次迎来了暴发。

（二）人工智能高速发展的重要事件

人工智能的发展道路漫长而复杂。它所经历的几次快速发展期，既是计算机科学家们在基础理论、算法和模型上长期研究和积累的成果，也得益于摩尔定律所预示的计算能力的持续增长。值得注意的是，在不同的发展阶段，尽管我们都以"人工智能"来称呼这些技术和应用，但它们背后的技术实质却有着显著的差异。科学家和工程师们探索了多种不同的技术路径。自 20 世纪末以来，人工智能的持续进步展现出了明显的"数据驱动智能"的特征。

1997 年,"深蓝"在国际象棋比赛中战胜了当时人类顶尖的棋手卡斯帕罗夫。在将近 20 年后,2016 年开始,DeepMind 公司的 AlphaGo 程序和其后续版本相继战胜了李世石、柯洁等一众围棋高手(图 6-2),在围棋这一通常被认为对参赛选手智力要求很高的脑力比赛中完全超越了人类。从披露的技术看,棋类程序的优势来源于海量的棋谱——一开始使用的是历史上收集的棋谱,随后采用程序自动对弈产生的棋谱。由于棋类规则清晰明确,因此无论是人类对弈棋谱还是机器自动生成的棋谱,它们都是高质量的训练数据。这些训练数据加上深度神经网络算法模型和针对神经网络计算而专门设计的计算机及计算芯片 TPU,使得 AlphaGo 最终摘下了围棋这一"智力游戏皇冠上的明珠"。围棋九段柯洁在输给 AlphaGo 第一局后,评价 AlphaGo "已经越来越有点像我理解中的'围棋上帝'了"。

微视频 6-1:
人工智能的
历史

图 6-2　AlphaGo 与李世石对弈的转播画面

和棋类竞赛使用单一数据，具有明确、简洁的规则不同，无人驾驶场景复杂、约束众多、目标多样，需要全方位、多模态的输入数据，实时决策过程难以形式化和评估。因此，无人驾驶是一个典型的复杂人工智能应用。DARPA 自 2004 年开始举办名为 "Grand Challenge" 的无人驾驶竞赛。2004 年的越野竞赛没有任何一辆参赛车辆能够顺利完成比赛。2005 年，5 辆参赛车辆完成越野比赛。2007 年的比赛改为城市道路，称为 "Urban Challenge"，最终六支队伍顺利完成比赛。与前两届比赛更关注车辆性能和控制不同，2007 年的比赛还要求车辆遵守城市交通规则，因此对软件的"智能"要求更高。此后，无人驾驶成为人工智能应用领域的研究热点。诸多大型科技公司和初创企业从不同角度切入这一领域。2024 年 7 月，百度的"萝卜快跑"（Apollo Go）在武汉开展大规模载人商业测试，标志着人工智能在复杂场景应用方面的突破。与棋类比赛可以依靠机器自动生成数据训练人工智能模型不同，无人驾驶所依赖的数据来源于摄像头、雷达以及诸多内部传感器"感知"的真实数据。哪怕是当前已经开始的测试运营，这些无人驾驶汽车的最重要任务仍然是收集复杂开放道路场景下的真实数据。

在介绍人工智能技术的进展时，我们反复提到了深度神经网络，或者称为深度学习技术。这一技术的源头可以追溯到人工智能学科诞生早期就出现的连接学派。连接学派受生物的神经元和神经网络的启发，通过构建人工神经网络（artificial neural network），以期实现机器智能。早期的神经网络受限于理论缺失、计算能力约束，只能采用简单、层数少的结构，在模式识别等特定领域有一些成功应用。随着底层计算能力的指数增长，特别是原先用于图形处理的图形处理单元（GPU）被发现能够有效应用于神经网络训练和推理，支撑结构复杂的深度神经网络的计算能力问题被快速解决。深度神经网络成为推动 2010 年开始的人工智能大暴发的主流技术。2018 年，ACM 图灵奖授予了在深度学习领域取得突出成就的三位科学家本吉奥（Yoshua Bengio）、辛顿（Geoffrey Hinton）和杨立昆（Yann LeCun）。这是学术界对深度学习在人工智能领域的重要性和成就的巨大认可。

值得注意的是，深度学习取得成功的一个重要标志性事件是在 2012 年，辛顿研究团队提出的 AlexNet 模型架构在 ILSVRC（imageNet large scale visual recognition challenge）视觉识别竞赛中夺得第一名，高出第二名 41%。ImageNet 是时任普林斯顿大学助理教授的华裔女科学家李飞飞于 2007 年发起构建的图像数据集，包含超过 2 万个类别的 1 400 万余张图片。与当时人工智能研究主要聚焦于各种算法和模型不同，ImageNet 旨在解决人工智能算法所需的数据问题，其数据来源于互联网，语义标注则通过亚马逊的 Amazon Mechanical Turk 众包平台由来自全世界的贡献者协作完成。2009 年，ImageNet 正式发布。

ImageNet 的发起人李飞飞在美国最初是学理论物理的，对数据的重要性有着独到的见解。她曾说，ImageNet 改变了人们的思考方式：大多数人只关心模型，但是数据也非常重要。她认为，改变人工智能和世界的是数据，数据重新定义了我们对模型的思考方式（见图 6-3）。

与图像识别类似的还有自然语言处理（natural language processing，NLP）。人工智能同样在这一领域取得了突破。2011 年，在一档超过 40 年历史的电视问答竞赛节目"危险边缘（Jeopardy!）"中，IBM 的

Watson 系统战胜了两名人类对手，展现了匹敌人类的文字理解、资料记忆和实时推理等能力。虽然在节目中呈现出卓越的表现，但是随后 Watson 在医疗等领域的商业化应用并未取得预期的效果。

图 6-3　李飞飞与 ImageNet 数据集

2022 年，OpenAI 推出基于之前已经得到学术界广泛关注并发布了多个版本的生成式语言大模型 ChatGPT，构建了在线对话服务。因其接近人的语言能力和在不限定领域的准确回答，ChatGPT 迅速获得了巨大的社会影响力。学术界和工业界也快速跟进，开始广泛探索基于 GPT 和 ChatGPT 的人工智能应用。至此，人工智能技术在 NLP 领域表现出极大的潜力。

ChatGPT 以及在图像、语音、视频生成等领域的人工智能应用突破展示了一条新的人工智能技术路线的可行性。传统的人工智能技术往往是针对特定问题收集数据、训练模型，再部署模型应对这一应用。而当前 GPT 这样的生成式模型（generative model）则基于海量数据训练一个并不针对特定问题的模型，这种模型被称为预测训练模型（pre-trained model）。有学者认为，预测训练模型的本质是对数据的一种"压缩记忆"。基于这样的模型，人工智能应用可以看作是一系列"下游任务"，通过对预训练模型进行微调（fine tuning）即可用于不同的下游任务。

研究发现，当模型的推理能力与模型规模之间并非简单的线性关系，而是在模型达到相当大的规模时，推理能力（有时被公众简单理解为"智能"程度）呈现出"涌现"（emergence），即突然出现之前不具备的能力的现象。

此外，研究也发现要获得更大规模的模型，同时维持模型的推理能力，需要更多高质量的语料（corpus），即训练数据。据报道，OpenAI 于 2023 年 3 月发布的 GPT-4 具有 1 万亿参数；在一些人工智能能力榜单中居于前列的国产大模型——字节跳动的 Seed 模型，在 2023 年 12 月的参数规模达到 2 000 亿。可以看出在参数规模方面，我国的大语言模型还有不少差距。而学术界普遍担心的是，缺乏可用的高质量中文语料是限制我国人工智能技术持续发展的主要瓶颈之一。

（三）人工智能高速发展的典型特征

首先，人工智能技术的发展，从一开始就呈现出典型的"应用驱动创新"的特征。每一项人工智能技术的出现，都针对一个重要的应用。这些应用或者是科学研究以及社会经济发展中的痛点问题，或者是公众关心的热点话题。

其次，同样重要的是，自 20 世纪 90 年代开始的人工智能发展路线,是一条"数据智能"的路线。当前在各领域取得最佳效果的模型,都依赖海量高质量训练数据。而之所以这些模型近年来可以取得成功,是多种技术的协同发展,打通了数据的采集、传输、汇聚、计算、使用全链条的结果:各类传感器和感知设备的出现提供了数据采集手段,互联网为数据的传输和汇聚提供了管道,云计算为数据的汇聚和统一管理提供了平台,GPU 芯片为大规模并行计算提供了保障。这一路线呈现出其他路线所不具备的巨大潜力和生命力。但是这条路线也带来了模型巨大化之后难以解释、推理结果常"胡说八道"以及违反公序良俗和法律法规的问题。

最后,人工智能技术的成功体现在对人的工作的"自动化"。在人工智能学科诞生的早期,对人工智能的一种理解是"自动化智能"(automated intelligence)。这一思想贯穿了人工智能学科发展的整个过程。机器视觉实现了观看监控视频的自动化;GitHub Copilot 实现了简单程序编写的自动化;ChatGPT 实现了资料查阅、缩写、转写、翻译等文书工作的自动化……对于自动化需求的建模、抽象,以及利用现有技术实现自动化,或者研发新的技术去实现它们,是人工智能发展背后的逻辑。由于计算机本身存储(也可以理解为记忆)和计算的可靠性,在可以自动化的领域,计算机和人工智能会表现出很大的优势。

二、人工智能范式

(一)知识驱动的范式

1956 年,麦卡锡和明斯基等学者(图 6-4),在达特茅斯人工智能夏季研讨会的建议中,明确提出符号"AI"的基本思路:"人类思维的很大一部分是按照推理和猜想规则对'词'（words）进行操作所组成的"。根据这一思路，他们提出了基于知识与经验的推理模型，因此把符号"AI"称为知识驱动方法，这是第一代人工智能。

图 6-4　麦卡锡和明斯基

（二）数据驱动的范式

第二代人工智能是感知人工智能，也就是让机器感知外部环境。这种方法依赖大量数据驱动的统计学习方法，实现针对文字、图片和语音等信息的感知和识别。第二代人工智能出现和成熟后，人工智能领域迎来了一波暴发。通过人工智能，在我们原来认为机器不可能完成的事情上，人类的能力已经被机器赶上，如人脸识别等。

（三）数据与知识双驱动的范式

人类已经处于第三代人工智能开启的前夜，其发展方向将融合知识和数据，搭建一个双轮驱动的人工智能框架。

双轮驱动的数据部分，目前研发了超大规模的预训练语言模型，要能在数据上做到"举十反一"，需要具备归纳能力，从数据中把一些有深度的知识抽取出来。而双轮中的知识部分，则要做到"举一反三"，可以进行逻辑推理。

由于数据与知识的融合将面临计算科学理论、算法和基础设施等方面的挑战，简单地综合知识和数据是不可行的。只有克服这些挑战，机器才能把数据和知识都利用起来，真正的智能才会得以实现。

三、新的科技革命

（一）数据智能

概念

数据智能（data intelligence）是一个跨学科的研究领域，它结合了大规模数据处理、人工智能、人机交互、可视化等多种技术，旨在从数据中提炼、发掘、获取有揭示性和可操作性的信息，为人们在基于数据制定决策或执行任务时提供有效的智能支持。

数据智能是利用数字技术和数据驱动的方法，实现智能化、自动化和优化决策的技术。它结合了大数据、人工智能等技术，通过对大量数据的收集、整理和分析，为企业和组织提供更深入的洞察力和智能化的决策支持。

商务智能（business intelligence, BI）是一个20世纪90年代提出的概念，它与现代的数据智能在某些方面有着相似之处，尤其是在数据驱动和场景牵引这两点上。然而，随着技术的发展，这两者的具体含义已经发生了显著的变化。

首先，从数据的角度来看，商务智能主要处理的是大规模的结构化数据。相比之下，数据智能则能够处理真正意义上的多源异质大数据，包括文本、网络、时间序列、图像等多种模态的数据。

其次，商务智能的应用主要集中在商业领域，而数据智能的应用范围已经远远超出了商业领域。如今，数据智能在智慧城市、智慧金融、智能制造、智慧医疗等多个领域都有着广泛的应用。

最后，从技术方法上来看，商务智能主要依赖数据立方体、数据仓库技术和数据挖掘技术。这些技术虽然强大，但并不涉及多模态、异质大数据处理技术，也不包括当前前沿的机器学习和深度学习方法。而数据智能则正是依靠这些先进的技术来实现对大数据的深入分析和处理。

商务智能自诞生之初就将数据、算法和场景紧密结合在一起，为大数据和人工智能时代数据智能概念的提出提供了坚实的基础。具体来说，数据的积累为算法，尤其是深度学习算法的研究提供了基础，使这些算法在现实世界中得到应用。这些算法的应用又会产生更多的数据，进一步促进算法的优化和改进。

在这个过程中，数据、算法和场景三者相互促进，形成了一个循环迭代和螺旋上升的动态系统。这种相互作用不仅推动了数据智能技术的持续进步，而且为数据智能的长期发展提供了强大的系统动力。

大数据是数据智能的起点，而数据智能代表了大数据发展的一个新高度，超越了传统的业务数据化，迈向了业务智能化的新时代。这一阶段的核心在于利用数据不仅支持决策制定，更赋予机器以推理和认知的能力，从而推动业务流程的自动化和智能化。数据智能的终极目标是实现数据驱动的业务流程，通过先进的人工智能技术，提升业务的智能化水平。

传统上，决策过程依赖机器生成的数据报表和报告，随后由业务人员基于这些信息做出决策。然而，在数据智能时代，由于机器被赋予了推理和分析能力，它们能够直接提出决策建议。以外卖和出行服务为例，像美团和滴滴这样的平台，运用人工智能模型来计算并确定最优的调度策略。在这个过程中，系统不仅自动完成决策环节，而且还能将具体的任务指令高效、准确地分配给骑手和司机，从而提高整个服务流程的智能化水平和运营效率。

每一场科技革命的背后，都是生产工具的突破性变革。在当前的科技革命中，数据智能正是这样一种变革性的工具。数据智能以数据为核心动力，融合了数据处理、人工智能、人机交互和数据可视化等先进技术，完成了从数据的采集、存储、处理到分析和应用的全流程技术革新。这一全方位的技术进步，不仅极大地提升了生产效率，也为各行各业带来了深远的影响。

在新科技革命的浪潮中，我国正站在时代的前沿，积极拥抱数据驱动的新时代。面对这一历史性机遇，我国亟须加强对数据智能等关键技术的研究和创新，不断创新数据价值的释放模式。这不仅涉及推动数据与实体经济的深度融合，还包括促进相关产业的数字化转型，进而实现整个社会的全面转型升级。

（二）新的经验主义

现代科学技术的发展过程中，呈现出科学引领技术的特点，超越了更为传统的经验主义，即通过直接的感官经验来获取知识。以交流电的大规模使用为标志的第二次科技革命之后，科学的内涵和抽象程度得到了极大地发展。

目前，人工智能的爆发式进步开启了新的工业革命。如前所述，它的第一驱动力是数据，作为一种新的能源动力，如同蒸汽能之于第一次工业革命、交流电之于第二次工业革命，将在这一次工业革命中发挥重要作用。

而数据本身，也极大地拓展了"感官"的范围。"眼耳鼻舌身"被各类传感器所代替。在互联网、云存储和边缘计算的助力下，这种感官不再受限于时空。而更重要的是，此时感官的主体不是人，而是我们所研发和使用的人工智能模型和算法。模型和算法的"智能"不是人类智能的总结和数字化复刻，而是直接来自机器的"感官"或者说"经验"。或者说，人工智能复刻的不是人类智能的结果，而是人类获得智能的方法。得益于机器的稳定性和高效率，人工智能在这些方面也呈现出优于人类智能的表现。

尤其需要注意的是，这种复刻不是简单地用计算机重复人类获得知识的过程。就如同飞机的发明可追溯到人类对于鸟类飞行的憧憬和观察，但是现代飞行技术依靠的是空气动力学，其飞行方式已完全不同于鸟类。这种从经验中学习，发展新技术，提炼出理论，进一步指导技术发展，形成完备的技术和理论体系，然后不断迭代的过程，是对朴素经验主义的超越。也是当前人工智能技术发展表现出的"新"经验主义的"新"之所在。

新的经验主义的出现是当前人工智能发展的现状，但并非其发展的终点。在可解释性、可重复和可预测性等科学的特性方面，当前人工智能技术都在召唤更深入、更系统的理论指导。

微视频 6-2：
技术倒逼科学

（三）技术倒逼科学

100 多年前，新文化运动中我们呼唤"德先生"和"赛先生"，开启了中国现代科学文化发展的新纪元。20 世纪上半叶，中国经历了一场学术与教育的变革，大量吸取了欧美的经验，致力于建立现代大学和科研机构。

1949 年后，短短几年，我国就建立起包括中国科学院系统，国防科技系统，高等院校系统，各部门、各行业科研机构，以及地方科研机构等在内的全国科研体系，奠定了中国当代科学技术事业的基础。我国科学家在极其艰苦的条件下，先后做出一系列彪炳史册的成就：研制成功"两弹一星"，合成牛胰岛素结晶，杂交水稻的育成和大面积推广，提取青蒿素等，极大地提升了我国的国际地位（见图 6-5）。

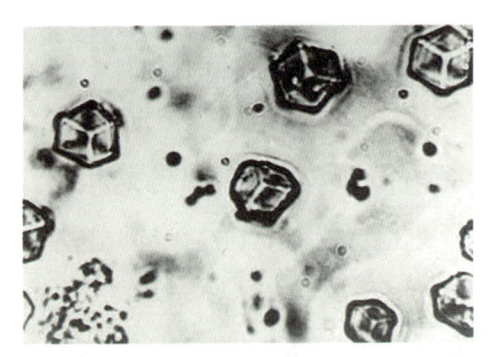

图 6-5　牛胰岛素结晶（上）、袁隆平和杂交水稻（左）与屠呦呦和青蒿素（右）

到了近代，我国基础研究和自主创新实现了重要进展，"嫦娥六号"实现人类首次月球背面采样返回，"天问一号"开启火星探测，新一代"人造太阳"首次放电，可编程超导量子计算原型机"祖冲之号"问世。战略技术领域取得新跨越，"奋斗"号成功坐底，北斗卫星导航系统全面开通，我国空间站核心舱成功发射。新一轮科技革命和产业变革突飞猛进，科学研究范式正在发生深刻变革。

2017年，图灵奖获得者格雷（James Gray）在一场报告中指出，人类正在经历数据密集型的科学发现阶段，这是一种科学研究的新范式。2019年4月，全球13家机构首次合成了黑洞照片（见图6-6）。在新范式指导下，人类在蛋白质结构预测、新材料发现、新药研发方面均取得了非常大的突破，人类正式进入智能科学时代。

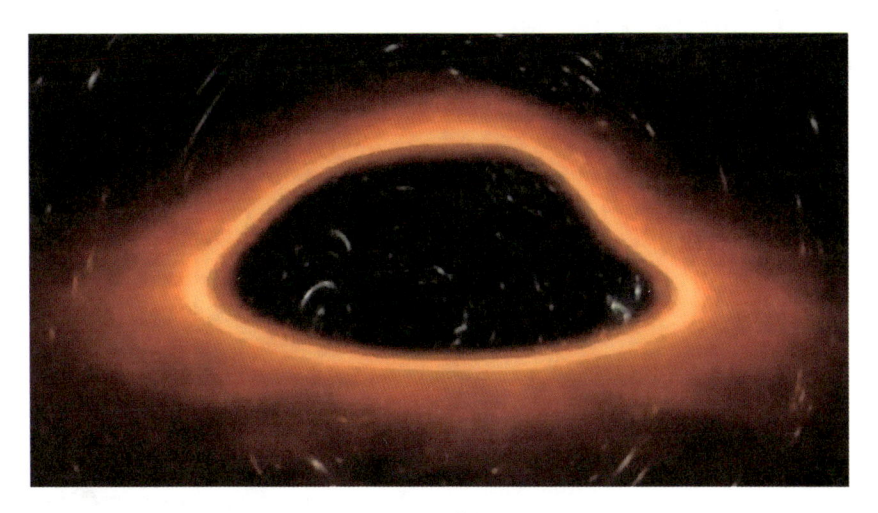

图6-6 人类合成的首张黑洞照片

近年来，人工智能领域出现了一个有趣的现象：DeepMind设计并研发了AlphaGo、AlphaZero、AlphaFolder，OpenAI发布了ChatGPT、

SORA，Meta 开源了 Llama 系列大模型，特斯拉基于 FSD 推动了自动驾驶等，这些人工智能最新进展都是企业设计并研发的。不难发现，近年来电子信息类学科的最新进展与 20 世纪不同，基本上都是产业界引领的。因此，目前我们处在应用驱动创新、技术倒逼科学的阶段。

实际上，早在第一次工业革命时期，也出现了类似的情况。1776 年，英国的詹姆斯·瓦特制造出第一台有实用价值的蒸汽机；1733 年，英国人约翰·凯伊发明了织布的飞梭，织布机效率得到了极大提升；1807 年，罗伯特·富尔顿在美国纽约建成了一艘蒸汽机船"克莱蒙特"号，后来人们把这种装有蒸汽机带动明轮来推进的船舶称为轮船；1814 年，乔治·斯蒂芬森研制的第一辆蒸汽机车"布拉策号"试运行成功，由于蒸汽机行驶过程中烟囱直往外冒火，就取名"火车"并一直沿用至今（见图 6-7）。

图 6-7 蒸汽机、轮船和火车

瓦特、凯伊、富尔顿、斯蒂芬森都没受过正规的教育，也就是说他们的发明并不是在完整的理论指导下完成的。正是因为这些发明，人类创建了空气动力学较完整的理论体系，并指导研制了超音速飞机和超音速导弹等（见图 6-8）。

图 6-8　超音速飞机（左）和超音速导弹（右）

因此，科学和技术往往是相互依存的，它们共同推动了人类社会的进步和发展。科学为技术提供原理和方法论，例如，爱因斯坦提出的"$E=mc^2$"指导了奥本海默研制原子弹，而技术则为科学研究提供工具和手段，使科学家能够更有效地进行实验和观察。科学理论的提出可能需要经过技术实现的验证，而技术的应用又可能引发对科学理论的修正和完善。科学和技术的发展往往是循环迭代的，科学可能引领技术的发展，技术也可能倒逼科学的发展。

深度神经网络是当前人工智能发展的主流技术。GPT 模型所使用的 Transformer 网络架构，AlexNet 使用的 CNN 网络架构，都是典型的深度神经网络。然而，对于这些模型结构的本质，学术界和工业界都还不完全清楚。这也导致我们对人工智能的可解释性感到担忧，由于其结果的不可预测性，GPT 模型"一本正经地胡说八道"的问题还无法彻底解决。因此，亟须找到深度神经网络的理论基础或者数学基础，只有从科学理论的角度实现突破，深度神经网络才能真正被我们所理解。这是我们超越新的经验主义所面临的巨大挑战，也是未来将人工智能真正变成可用、安全的技术的前提。

四、人工智能与产业发展

（一）人工智能是工具

随着时间的推移，越来越多的研究发现，很多动物也能够使用工具。例如，黑猩猩会使用草棍吊蚂蚁，卷尾猴会使用石头砸坚果，海豚会利用海绵保护它们的嘴唇。动物不仅会使用工具，还有一定的制造工具的能力。

微视频 6-3：
人工智能是工具

人类的文明发展史，很大程度上是一部人类发明工具来帮助其完成各类任务的历史，例如，刀刃、弓箭、指南针、算盘等。人类现在已经离不开各式各样的工具，大到飞机、卫星，小到抽纸、订书钉。我们的日常生活，无时无刻不被工具包围。在所有工具中，最强大的就是机器（machine），例如，计算器、洗衣机、农用机、空调、电冰箱、汽车、火车、打印机、手机等。人工智能也是其中的一类。

马克思说："人类最终从动物界分化出来的根本标志是制造和使用工具"。而人工智能作为一种工具将促进人类的进一步"分化"。会使用、能用好这种工具和能够制造新的人工智能工具的人将能更高效地工作，获得更多资源和机会。从个人看，这是每个人获得发展机会的前提，从社会和国家看，这是我国在国际上取得竞争优势的基础。这也是我们需要开展数字素养培养，进行计算机科学教育，扩大教育规模和提升教育质量的原因。

作为一类工具，人工智能工具的使用和研发需要理解其"应用驱动创新"的本质。一个常被提到的比喻是有些人会"拎着榔头，看什么都像钉子"。虽然有些人工智能工具在特定任务中有出色的表现，获得了广泛的关注，但是，就如同钉子要用榔头敲，螺丝钉应该用螺丝刀拧，螺母、螺帽要用扳手才能拧紧一样，每一项人工智能技术作为工具都有其适用场景和范围。对于技术特点和场景需求的双重理解，是用好工具的前提。这也是在人工智能技术已经很强大的今天，我们仍然需要去教授和研究其原理和实现方法的原因。

人工智能是一种高级工具。它既有技术属性，也有科学属性。它承载了推动数字化转型模式创新和科技发展的双重任务。科学是"道"，工具是"器"，道器合一是学习使用和创新发展人工智能工具的指导思想。

（二）人工智能产业发展

在国家战略引领下，以应用需求为牵引，立足自主创新，以平台企业及其构建的产业创新生态为主导，中国构建起包括智能芯片、大模型、基础架构和操作系统、工具链、深度学习平台和应用技术在内的人工智能技术体系、产业创新生态和企业联盟。工业和信息化部发布的数据显示，截至2023年6月，我国人工智能核心产业规模已经达到5 000亿，人工智能企业数量超过4 400家，仅次于美国，全球排名第二。与美国相比，中国人工智能被广泛应用于包括智慧城市、智能制造、智慧农业和"AI for science"在内的20多个细分领域。

随着生成式人工智能的推出，人工智能步入以大模型为主导的发展阶段。拥有高质量数据集、高性能算力集群和工程化能力的头部科技企业、新型创新组织和高水平研究型大学的合作，成为人工智能创新发展的主导力量。

人工智能应用和产业发展呈现出多个特点。

首先，是以数据为中心。从 ImageNet 数据集出现开始，数据资源建设成为诸多人工智能技术研发、应用设计最重要的工作。一味强调算法与算力的直接结果就是快速面临"巧妇难为无米之炊"的困境。数据来源于人，人工智能就是要实现"数据为了人"，这也是"以人为本"（human-centric）和"人在回路"（human-in-the-loop）的人工智能的底层逻辑。

其次，成功的人工智能产业应用呈现出"垂直领域，深耕细作"的特点。传统的硬件、系统软件、应用软件、前端展示的分层方法在人工智能领域不再适用。在每一层，也很难找到"一体通用"（one size fits all）的工具或者解决方案。如果深入观察和调研如 OpenAI、Google、Meta、微软这些引领人工智能浪潮的企业，就会发现它们本身具备从应用到数据，再到工具和系统平台甚至硬件的完整生态，或者与某个生态紧密绑定。

最后，综合前两个特点，成功的人工智能产业一般呈现出"一体化部署，整体性推进"的现象。虽然人工智能爆款应用常被人们重点关注，但是其背后是从数据到算法模型，从应用到系统软件再到平台和硬件，从应用模式到核心技术和工具生态的集团"作战"能力。应用场景、科技创新、产业发展三位一体化推进是人工智能产业的核心特点。

五、结束语

在回顾了人工智能自萌芽至今日辉煌的历程后,我们见证了人工智能领域一批卓越的科学家、工程师与思想家们不懈努力的成果。从 1956 年那个夏天开始,人工智能便以其独特的魅力吸引着全世界的目光,尽管其间经历了两次寒冬,但每一次挫折都未阻挡住它前进的步伐。时至今日,人工智能技术不仅在理论层面取得了诸多突破,更是在实际应用中展现出前所未有的潜力,深刻改变我们的生活与工作方式。

从早期的专家系统到后来的机器学习,直至当下以深度学习为代表的技术革命,人工智能的发展史就是一部人类追求智慧极限的历史。特别是近年来,随着计算能力的飞速提升、大数据的广泛积累以及算法模型的不断创新,人工智能技术已经在诸如自然语言处理、计算机视觉、自动驾驶等多个领域实现了质的飞跃。与此同时,诸如 OpenAI 的 ChatGPT 等产品和服务的推出,更是将人机交互体验推向了新的高度,让"图灵测试"这一哲学命题变得触手可及。

然而,正如任何科技发展一样,人工智能的进步也伴随着挑战与争议。隐私保护、伦理道德、就业冲击等问题日益凸显,成为摆在全人类面前亟待解决的课题。未来,我们需要更加重视人工智能技术的可持续发展,既要把握住技术革新的历史机遇,也要审慎地对待由此带来的各种社会问题。

走进新时代,展望未来,人工智能将带来新的科技革命。人工智能正处在新经验主义发展的阶段,也在呼唤新的理性主义。数据就像电一样,是一种新的能源动力,促进了人工智能应用的成功。"技术倒逼科学",这也对人工智能科技和理论的发展提出了新的要求。应用场景、科技创新和产业发展的一体化部署和整体性推进是实现人工智能新科技革命的必由之路。

本章习题

一、单选题

1. ChatGPT 是由（　　）公司推出的。

   A. Google　　　　　　　　B. Microsoft

   C. Amazon　　　　　　　　D. OpenAI

2. 下列是人工智能技术发展的主要推动力的是（　　）。

   A. 人工劳动　　　　　　　　B. 数据

   C. 知识产权　　　　　　　　D. 自然资源

3. 以下描述最符合"数据是新动力"的观点的是（　　）。

   A. 数据等同于石油

   B. 数据是推动经济发展的新要素

   C. 数据仅用于科学研究

   D. 数据是旧工业时代的遗留物

4. 以下不是数字化转型的一部分的是（　　）。

   A. 应用开发　　　　　　　　B. 流程自动化

   C. 低代码平台　　　　　　　D. 高门槛编程

5. 以下（　　）不是人工智能时代新科技革命的特点。

   A. 科学引领技术

   B. 技术倒逼科学

C. 应用场景 + 科技创新 + 产业发展一体化

D. 应用驱动创新

6. 下列被比尔·盖茨称为"不亚于互联网或 PC 的诞生"的技术是（　　）。

  A. AlphaGo   B. ChatGPT

  C. 特斯拉的自动驾驶   D. IBM Watson

7. 第四科学研究范式强调的是（　　）。

  A. 理论推导   B. 实验验证

  C. 数据密集型科学发现   D. 模型构建

二、填空题

1. 人工智能时代，数据被称为新的_____动力。

2. _____将人工智能的使用门槛降低，使其走进日常工作与生活。

3. 微软的_____通过自然语言处理技术提供虚拟助手服务。

4. 数据是新的_____，驱动应用和创新。

5. 新的科技革命是由_____所代表的。

6. 在人工智能时代，2022 年 11 月 30 日，_____被认为是一个重要的里程碑事件。

7. 2012 年，辛顿等人提出的深度卷积神经网络结构_____，对人工智能领域产生了重大影响。

8. 马克思曾说，一种科学只有在成功运用_____时，才算达到了真正完善的地步。

9. 数据是第五生产要素，它不是普通的生产要素，因为它没有_____。

三、简答题

1. 简述新的科技革命的主要特征。

2. 新的科技革命中"科学引领技术，技术倒逼科学"这一理念如何体现?

3. 数据在人工智能时代的重要性是什么?

4. ChatGPT 在教育领域的应用有哪些?

5. 新的科技革命中的"应用驱动创新"是什么意思?

6. 如何理解数据是新的能源动力?

7. 什么是技术倒逼科学?

8. 如何理解"以计算为中心"向"以数据为中心"的转变?

9. 分析人工智能与大数据的关系。

第六章
参考文献

第六章
选择题和填空题
答案

第七章　区块链

导读

社会高效运行离不开信任，特别是在数字时代，如何在大规模群体之间构建信任体系非常重要。在信任体系的帮助下，人类可以将更多精力放在科技创新上，从而促进社会的发展。区块链基于数据和数学构建人与人之间的信任关系，为数字经济健康发展保驾护航。

本章从分享经济、信任体系的演变、信任数据库等几个方面阐述数字经济时代的关键核心技术——区块链。

一、三个里程碑事件

区块链的创新发展与以下三个里程碑事件息息相关。

（一）事件一：区块链横空出世

2014年10月23日，三百多位金融学家、技术专家和未来学家聚集在大英图书馆研讨比特币的未来发展。参会嘉宾对比特币的现状和其在金融等领域的前景进行了深入探讨，一致认为比特币不仅是一种有趣的金融产品，其背后的技术——区块链至关重要。区块链作为新一代互联网基础设施的身份崭露头角，公众对于区块链的价值也有了新的认识。

区块链技术对互联网技术和金融行业的发展产生了深远的影响。互联网技术业已发展多年，在早期阶段，其主要作为信息发布的载体，如门户网站等。近几年来，新一代互联网平台更加重视如何通过构建信任体系来获取用户的信任，使每个用户可以放心地发布/共享资源。以餐饮行业为例，为了确保外卖食品新鲜、美味、卫生，互联网外卖平台可采取共享厨房模式，允许餐饮从业者租赁厨房来准备食物，而无须承担开设实体餐厅的额外成本；顾客可以通过视频来监控食品加工过程；相关日志信息可以记录在区块链上，在餐饮从业者和顾客之间共享。金融行业亦是如此。区块链、人工智能和大数据常被称为推动金融科技发展的三大关键技术，共同推动金融行业创新与效率提升，为行业发展带来了革命性的变化。对于健康的金融生态来说，信任体系尤其重要——储户与储户之间需要信任，储户和金融机构之间需要信任，金融机构之间也需要信任。稳固的信任关系使得金融生态愈加健康、强大。

事实陈述

2008年11月，在全球金融危机爆发之后，一位自称中本聪（Satoshi Nakamoto）的匿名者发布了比特币白皮书《比特币：一种点对点的电子现金系统》，继而比特币于2009年1月诞生。

相比于法定货币，比特币并不由某个特定的发行方发行，仅由接入互联网的计算机通过消费算力来生成。

（二）事件二：共享单车风靡神州

共享单车于 2016 年 10 月出现在街头，骑行人随时可以扫码骑行。在初期，骑行人需要垫付押金；到了后期，一些单车品牌只需要骑行人满足一定的信用积分标准，即可免押金骑行。例如，现在一些高校校园占地面积很大，同学们为了节约时间，可以从宿舍楼骑到教学楼听课，下课后再从教学楼骑到食堂用餐，且在多次骑行过程中可以更换自行车。显然，这种模式允许用户按需使用自行车，而不一定要拥有自行车的所有权。从更大的视野来看，共享单车可有效连接公共交通网络和最终目的地，解决公众出行中的"最后一公里"难题，从而提升交通资源利用率，避免交通资源闲置和浪费。在大多数共享单车项目中，自行车由公司设计、制造，并对外提供有偿租赁服务；也有少量项目允许个体将自有自行车纳入共享体系之中，供他人有偿使用。

微视频 7-1：区块链：从共享单车到比特币

共享单车是典型的资源共享应用。骑行人与骑行人之间、骑行人与平台公司之间原本是陌生关系，但都在互联网平台的支持之下，通过资源共享建立起了合作关系。

（三）事件三：区块链同频共振

2019 年 10 月 24 日，中共中央政治局就区块链技术发展现状和趋势进行第十八次集体学习。习近平总书记在主持学习时强调，区块链技术的集成应用在新的技术革新和产业变革中起着重要作用，要把区块链作为核心技术自主创新的重要突破口，明确主攻方向，加大投入力度，着力攻克一批关键核心技术，加快推动区块链技术和产业创新发展。

此次集体学习明确要求利用区块链技术探索数字经济模式创新。分享经济模式是一种创新的数字经济模式，可构建公平、透明的商业环境，尽管在这种模式下各参与者无互信基础，但可通过区块链技术构建参与者间的信任，推动供给侧结构性改革。供给侧矛盾主要在于结构不合理，解决该问题还需进一步深化改革，而互联网可为供给侧结构性改革提供强有力的支持。大数据技术使互联网平台深入理解需求侧，知晓用户需求，从而推进供给侧改革，支持经济高质量发展；区块链技术可以提供公开透明、互相信任的环境，通过提供更优质的公共服务来营造良好的商业环境。因此，大数据和区块键技术对供给侧结构性改革非常重要。

技术创新是模式创新的基础，而区块链则是技术创新的制高点。从 21 世纪的第二个十年开始，大数据的价值广为人知；与此同时，"互联网 +"也进入了公众视野，其含义在于将互联网技术与相关行业深度融合，从而产生质变，这种融合将带来无法估量的不确定性和创新性。互联网与零售行业相融合，就产生了阿里巴巴；与图书馆相融合，就产生了百度；与娱乐行业相融合，就产生了腾讯。总之，"互联网 +"会带来根本性的变革。

分享经济是数字经济的主要业态，其通过互联网平台为所有参与者提供了共享服务。虽然分享经济的底层逻辑是大数据，在大数据的帮助之下，平台能够深刻了解需求端和用户端的特性，并做出有针对性的服务，但仅有大数据是不够的。因为，互联网平台上用户之间可能缺乏信任。因此，如何构建互联网平台上海量用户之间的信任，是分享经济成功于否的关键所在。

二、共享单车

（一）新四大发明

英国汉学家李约瑟（图7-1）在对中国科技发展史进行深刻思考之后，提出疑问：为什么中国科技曾长期领先于西方，但从15世纪开始却逐渐落后了呢？为什么科学和工业革命没有发生在近代中国？尽管我国在过去几百年内科技一直落后，但是在改革开放之后的四十余年里却发生了翻天覆地的变化。究其原因，科学技术必需同社会发展相结合。过去，科技落后的原因在于，科学探索只是一种猎奇或者雅兴，甚至当作奇技淫巧，不可能对现实社会产生太大的影响。

图7-1 英国汉学家李约瑟

在2017年5月举办的"一带一路"国际合作高峰论坛上，北京外国语大学丝绸之路研究院发起一项针对20国留学生的民间调查，询问留学生们最想把中国的什么带回国。调查结果显示，高速铁路、移动支付、共享单车、网络购物成为这些在华外国人心目中的"新四大发明"（图 7-2），这些技术在不同程度上改变了中国人的生活。共享单车位列其中，其创造性地利用共享思维解决了出行"最后一公里"的问题。

高速铁路 　　　　　　　　移动支付

共享单车 　　　　　　　　网络购物

图 7-2　中国"新四大发明"

（二）共享单车的意义

共享单车位列"新四大发明"之一，是由于其创新了商业模式。共享单车体现了互联网与交通出行的深度融合，通过互联网平台将骑行人与实体自行车相关联，骑行人可通过手机应用实时查看自行车的位置，完成预约、解锁和支付等功能。这种商业模式打破了传统自行车租赁的时间和空间限制，为骑行人提供了更加便捷的出行选择。共享单车综合采用了卫星定位、智能锁等新型技术。卫星定位技术能够

帮助用户轻松找到附近可用的自行车，帮助运营商实时监控车辆分布、优化调配方案，以满足高峰时段和热点区域的骑行需求。智能锁技术允许骑行人通过手机应用远程解锁，这不仅避免骑行人使用车钥匙，服务提供商也无须在地面安装固定停车桩，从而提升了自行车使用的灵活性；智能锁还可收集骑行数据（如车辆使用频率、骑行距离等），以便于平台优化调度。

共享单车也衍生出新的社会问题，例如，部分骑行人不遵守交通规则，乱停车、逆行等。在过去，对于不规范的骑行行为，城市管理人员可视情节严重程度依规进行管理；情节严重的，还可以暂扣车辆，并在车主缴纳罚款后再领回自行车。然而，以上传统的管理模式却并不适合共享单车。由于共享单车骑行人只是租赁自行车，并不具备该自行车的所有权，因而骑行人无意愿主动去领回扣留的车辆；共享单车平台公司只是出借车辆，自身并没有违规骑行，因此也不认为自己应该缴纳罚款。在极端情况下，当某地的共享车辆数量不多时，有些骑行人会给车辆加锁，甚至藏匿车辆，从而使得本应共享的自行车变成个人专享。

区块链技术可以解决上述社会问题，基于定位技术和智能锁采集用户的骑行轨迹，记录在区块链中。由于区块链可确保数据真实、不可篡改，骑行记录就能佐证骑行人的骑车行为。若由于骑行人自身原因导致车辆被扣，共享单车服务提供商可依约对骑行人进行罚款，或者降低信用分值；如果屡次犯错，那么还可逐级增加骑行成本，乃至禁止骑行人再次使用共享单车。通过这种方式让每个人都学会遵守规则。区块链就如同在共享单车上安装了一个隐形摄像头，记录骑行人的一举一动。平台还需要保护用户隐私，不让未授权用户查看，但这些记录本身无法被篡改。如果每辆共享单车都配备了"隐形摄像头"，那么骑行人就需要更加注重骑行规范，急于给自己带来不必要的麻烦。

（三）分享经济

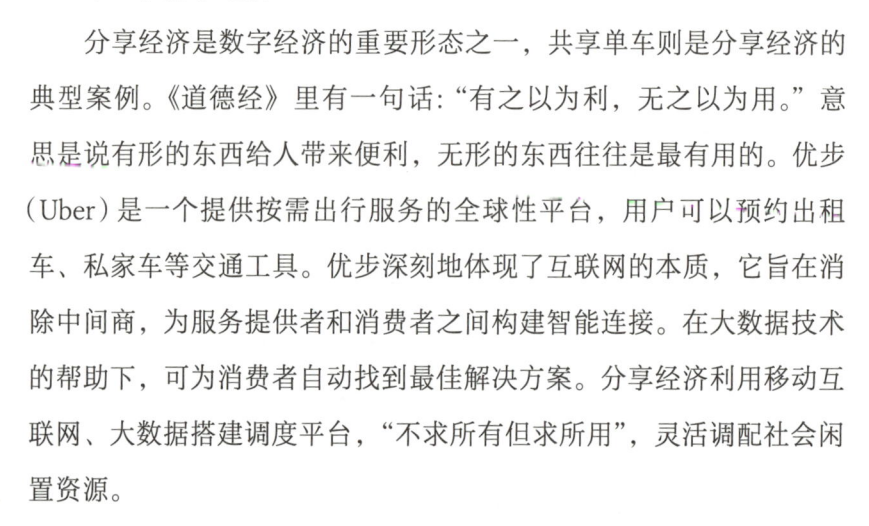

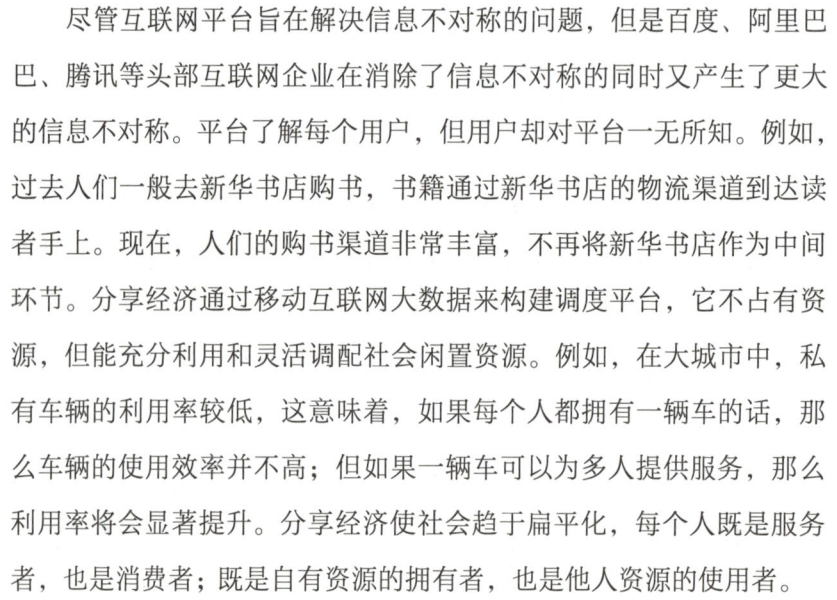

分享经济是数字经济的重要形态之一，共享单车则是分享经济的典型案例。《道德经》里有一句话："有之以为利，无之以为用。"意思是说有形的东西给人带来便利，无形的东西往往是最有用的。优步（Uber）是一个提供按需出行服务的全球性平台，用户可以预约出租车、私家车等交通工具。优步深刻地体现了互联网的本质，它旨在消除中间商，为服务提供者和消费者之间构建智能连接。在大数据技术的帮助下，可为消费者自动找到最佳解决方案。分享经济利用移动互联网、大数据搭建调度平台，"不求所有但求所用"，灵活调配社会闲置资源。

微视频7-2：解读"分享经济"

尽管互联网平台旨在解决信息不对称的问题，但是百度、阿里巴巴、腾讯等头部互联网企业在消除了信息不对称的同时又产生了更大的信息不对称。平台了解每个用户，但用户却对平台一无所知。例如，过去人们一般去新华书店购书，书籍通过新华书店的物流渠道到达读者手上。现在，人们的购书渠道非常丰富，不再将新华书店作为中间环节。分享经济通过移动互联网大数据来构建调度平台，它不占有资源，但能充分利用和灵活调配社会闲置资源。例如，在大城市中，私有车辆的利用率较低，这意味着，如果每个人都拥有一辆车的话，那么车辆的使用效率并不高；但如果一辆车可以为多人提供服务，那么利用率将会显著提升。分享经济使社会趋于扁平化，每个人既是服务者，也是消费者；既是自有资源的拥有者，也是他人资源的使用者。

分享经济不仅适用于消费领域，而且可以应用于制造业领域。中国人口众多，随着现代化进程的加速，人均资源消耗量也将逐步增加，总量就会非常高。只有通过发展分享经济和数字经济，使得一份资源不仅只为一个人服务，而是为许多人服务，才能够支持可持续发展。从这个意义上来说，分享经济是改变人类生活方式的资源革命，也是人类文明和市场经济的高级阶段。因此，分享经济成了发展数字经济的重要形态，正在创造新的商业模式和创新应用，以推动社会进步。

三、信任体系

共有和共享需要新的信任体系。但是，如何构建信任体系却成为久未解决的难题。长期以来，人类通过血缘、地缘、价值、信用等方式来构建信任体系，但是这些信任构建方式存在规模小、效率低等不足，因而在进入数字时代后，人类可以将区块链作为信任基础设施，基于数据和数学来构建信任体系。

（一）基于血缘/地缘的信任

早期的信任体系是基于血缘和地缘来构建的。如图7-3所示，宗庙、祠堂和会馆都是中华儒家文化和传统文化的象征。宗庙和祠堂供奉祖先和先贤，也团结了具有血缘关系的人。无论身处何地，从同一个宗祠出来的人可以轻易构建彼此之间的信任关系。会馆是为在外乡民建立联系渠道和提供便利的场所，例如，福建会馆、漳州会馆、贵州会馆等分别是福建人、漳州人、贵州人集聚的场所。古时交通不便，举子们去京城参加科举考试需要在路上花费很长时间，那么会馆能为他们提供食宿等帮助；如果同乡人去当地经商，会馆也可帮助新人快速适应当地环境。血缘和地缘是人出生之后就无法改变的，因而这种信任关系相对比较稳固。

（a）宗祠　　　　　　　　　（b）会馆

图 7-3　基于血缘/地缘的信任关系

（二）基于价值的信任

社会还可以基于价值来构建信任，典型代表是典押和押铺。典押和押铺是古代中国长期存在的一种短期借贷形式，有着"通有无，济缓急"的特殊资金调剂功能。借款人通过将动产（如金银等贵重物品）作为抵押物从贷款人处换取货币，还可在偿还贷款之后赎回抵押品。典押和押铺从业者必须具备良好的信用和实力，否则无法长期经营。房屋按揭则是一种现代抵押方式，抵押债务双方以书面形式达成协议，购房者将房屋抵押给银行，银行放贷，购房者在未来若干年内逐步偿还债务。抵押行为并不转移抵押财产的所有权，只是将财产作为债权的担保。无论是传统的典押、押铺，还是现代的房屋按揭，本质上都是借款人和贷款人之间基于高价值物品（动产或者不动产）建立起来的信任关系（图 7-4）。

(a) 当铺　　　　　　　　(b) 按揭

图 7-4 基于价值的信任

（三）基于信用的信任

社会还可基于信用来构建信任关系，包括纸币、侨批等。世界上所有国家都发行纸币。尽管纸币的制作成本远低于票面价值，但却能够在国家范围（部分纸币甚至可以在世界范围）内流通，其背后是依靠国家和中央银行的信用。我国是世界上最早发行纸币的国家，宋仁宗天圣元年（公元 1023 年），交子就开始发行，这比西方要早六七百年。尽管各个国家都在发行纸币，但是差异很大。有些纸币表现强势，有些纸币表现弱势，这和纸币发行国的经济发展水平、国力强弱密切相关。经济发展水平越高、综合实力越强，所发行的纸币就越强势。侨批是海外华侨通过海内外民间机构汇寄至国内的汇款暨家书，是一种信、汇合一的特殊邮传载体，主要分布在福建和广东等地。这两个地方有很多人在东南亚国家打拼，由于路途遥远，无法经常回家探亲，当时既没有邮局，也无法使用汇款或线上转账等支付方式。侨批通过在信里注明寄回的金额，再凭信将钱兑现出来，类似于现代银行业中的汇票。由此可见，信用是商业文明的产物，而非农耕文明的产物（图 7-5）。

(a) 交子　　　　　　　　　　(b) 侨批　　　　　　　　　　(c) 人民币

图 7-5　基于信用的信任

（四）用数据和数学构建信任

信任是现代社会运行的基石。无论是医患关系、师生关系、劳资关系、干群关系还是政企关系，本质上都是信任关系。以教育为例，如果师生之间缺乏信任，学生可能会质疑老师的言论，就不愿意听从老师的教导，教育就无从谈起。缺乏信任会产生敌对情绪，从而使社会运作成本飙升；当拥有信任时，社会运作成本和风险将大大降低。再以医患关系为例，如果病患不信任医生，就会怀疑医生所给的诊治方案是否合理；患者一旦心怀疑虑，医生就会认为患者对其不信任、不尊重，进而影响后续诊治过程。因此医患关系不仅关乎医疗技术的高超与否，还涉及精神层面的因素。

在数字化转型过程中，尤其需要在各方之间建立信任，这种信任关系的构建可以依赖区块链技术。市场经济建立在一系列明确的法

微视频 7-3：区块链重塑人们的信任体系

律、规则和制度框架之上，从而确保交易公平。换言之，在市场经济条件下需要考虑企业与消费者之间的信任、同行之间的信任等。此外，互联网平台还可以通过分析消费者在经济活动中产生的数据来判断其经济能力、还款能力、习惯和诚信度。因此，这种信任机制本质上是数据驱动的。互联网提供了先进的平台来收集和使用数据，不仅收集用户的经济和商业活动数据，还能收集各种零散活动数据，如网页浏览记录、联系人清单等。有了数据就可以完全依赖数据和数学模型建立信任，这也是区块链能够保障信任关系的底层逻辑。

四、区块链结构解析

（一）链式数据结构

区块链实质上是一种分布式记账方式，所有参与者均维护一份完整的"账本"（区块）。当部分参与者试图修改"账本"时，就会出现各"账本"之间信息不一致，其余参与方可以基于少数服从多数的原则来确认"账本"的真实性。区块链采用链式数据结构（见图7-6），它由许多个区块组成，每个区块既包括诸如"上一区块的哈希散列""随机数"这样的基础信息，也包括交易执行记录。在比特币系统中，每笔交易被描述成多个输入输出UTXO（即尚未被花费的交易输出）。例如，假设用户拥有一个值0.5比特币的UTXO和一个值0.3比特币的UTXO，并想支付0.6比特币，则可以创建一个交易，生成一个值0.6比特币的UTXO输出给接收者，同时生成一个值0.2比特币的UTXO找零输出给自己。

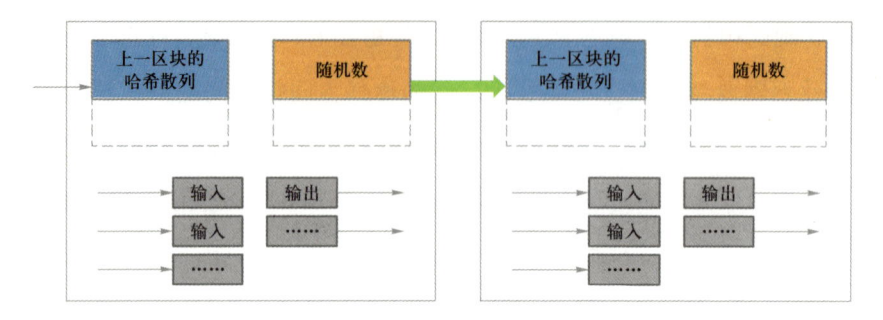

图 7-6 区块链数据结构

哈希函数是密码学的基础，可以依据一串输入数据创建一个简短的哈希散列值，被广泛用于验证数据的真实性。输入数据即使发生微小变动，也会导致哈希散列值发生显著变化。另外，无法基于输出的哈希散列值反推出原始数据。因此，在区块链中保留的"上一区块的哈希散列值"就可反映出上一区块内的数据是否曾被篡改过。例如，假设在某个区块中存在这样一笔交易，张三将 100 元转账给李四。如果某个参与者想偷偷把转账金额调高至 500 元，那么这个行为很快就能够被发现，因为基于该区块的哈希散列值已经被所有参与者所保存，无法在不改变上一区块的哈希散列的情况下修改交易记录。

（二）区块链的缘起

区块链是比特币的核心技术，而比特币白皮书发布于 2008 年 11 月，这并非偶然。2007 年 8 月，美国爆发了次贷危机，起因是美国次级房屋信贷行业违约剧增、信用紧缩，最终演变成全球性的金融危机，致命大批银行倒闭。次贷危机不仅动摇了公众对金融机构的信心，也动摇了金融机构之间的信任关系，公众意识到这些被金融机构所包装的复杂的金融衍生品其实还附加了很多不向公众公开的信息，其风险远比金融机构宣传的要高。同时，由于缺乏有效地监管，导致了系统性风险。

区块链技术可以用于解决这个问题。作为一种分布式记账方式，所有人均参与其中，并非依赖某个中心化的金融机构所发布的信息，从而使得每个金融产品都可以被追溯。在这种情况下，如果产品本身质量低劣，就会在公众面前暴露出来。区块链使用计算机技术来解决社会经济问题，通过密码学和信息论解决了长期存在的信任问题。

（三）技术典范

区块链是利用计算机技术解决社会经济问题的典范。在数字化转型的背景下，社会经济在快速发展的同时，也衍生出不少新问题。鉴于协作规模快速扩大、协作深度不断强化，社会信任问题变得尤为突出。区块链综合采用了多项技术来解决该问题，涵盖了密码学、信息论、信息安全、隐私保护、计算机网络等。

在以上计算机技术的支持下，区块链形成了分布式多副本、加密安全、不可篡改等特性。区块链网络中包含节点，节点之间可以就某个议题自动进行协调，以达成共识。在此过程中，共识机制非常关键，能够让所有参与方都认可一件事情。尽管账本公开，但在与加密技术相关联的情况下，数据加密之后可以保护用户隐私。区块链还通过哈希散列技术来确保数据不可篡改，因为即便数据被篡改，也能够被其他参与方发现。

综上，区块链可以确保信息安全、保护用户隐私，确保数据不被篡改，并且有据可依，有助于构建陌生人之间的信任。使用区块链后，就无须基于现有信用体系建立信任。即使参与方之间互相不认识、不了解，也可以通过数据和数学模型来建立信任关系。

（四）记录信任关系

分享经济变革了人们的生活方式，是未来数字经济的形态之一。每个行业都需要有独特的分享经济商业模式从而利用有限资源，实现社会的高质量和可持续发展。在这些分享经济商业模式的背后，也都需要区块链技术作为支撑，以建立信任体系。可以将记录信任关系的区块链看作是一种数据库，称之为信任数据库，其目的是支持分享经济。信任数据库管理日志数据，以支持人和人之间的信任关系构建。区块链的背后是信任，基于数据和数字构建的信任体系，从而支持社会经济的可持续性发展。

五、信任数据库

（一）区块链是数据库软件

文件 7-1：《关于加快推动区块链技术应用和产业发展的指导意见》

2021年的6月，工业和信息化部、中央网络安全和信息化委员会办公室联合发布《关于加快推动区块链技术应用和产业发展的指导意见》，认为区块链是新一代信息技术的重要组成部分，是分布式网络、加密技术、智能合约等多种技术集成的新型数据库软件。数据库软件并不鲜见，特别是关系数据库广泛应用在很多信息化系统中，并提供了便捷的工具来管理数据。区块链系统旨在管理分布式账本数据，与传统数据库相比有以下几点显著的差异。

首先，区块链工作于去中心化的分布式网络之中，不同节点之间并不相互信任，通过共识协议在节点之间达成共识，不诚实节点可能会发送错误信息。而在传统数据库软件中，所有节点都是诚实、可信任的，在正常工作时均发送正确消息，只有在出现软硬件故障时不工作，但不会发送恶意信息。

其次，区块链技术还用到很多密码学技术，包括哈希函数、数字签名、非对称加密等。哈希函数用于确保数据完整、不可篡改；数字签名用于验证交易的真实性；非对称加密则可支持身份认证，并且对数据进行加密。

最后，新型区块链系统（区块链2.0之后）引入了智能合约。智能合约是一段可自动运行的计算机代码。在预设条件达成之后，会被自动触发运行。因此，可以把一些合约、规则预先写成程序，从而避免人为干涉，简化流程。

（二）数据库是传统的金融科技

数据库自诞生以来，其重要使命之一就是处理金融领域记帐、转帐等业务。个人或者机构在银行建立账户，银行维护账户基本信息。当发生订票、日常消费、账户转账等业务时，账户余额不断变更，银行需要及时维护帐户信息。数据库就是对以上共性问题进行提炼和抽象之后形成的。

随着金融业务的不断丰富、用户规模的持续增加，对数据库性能的要求也更高。特别是出现了抢购等对性能要求很高的应用场景，由于部分待售产品的稀缺性而得到一众买家的青睐。为了使所有人都有机会抢到这些热门产品，通过预先公布销售时间，让大家在同一时间开始抢购。因此，可能导致在短时间内有大量交易被发起，这就需要数据库具备快速处理海量交易的能力。

（三）数据库技术演进

数据库发展至今已经历了大半个世纪。在 20 世纪 50 年代出现的 COBOL 文件系统以文件方式来管理数据，这是数据库系统的雏形。在此之后，20 世纪 60 年代出现的 CODASYL 系统被认为是第一个数据库系统，以网状数据模型来管理数据。但由于这个数据模型比较复杂，未被大规模推广。20 世纪 70 年代，埃德加·弗兰克·科德（Edgar Frank Codd）提出了关系模型，并在此基础之上发展出了关系数据库，使数据库技术得到了迅猛发展。关系数据库目前广泛应用在金融、政务等诸多领域。自 20 世纪 90 年代开始，数据库被进一步发展，用于存储与管理图、文本、多媒体等非结构化数据。

数据库发展至今积累了很多经验与教训。业界对数据库的认识也不断发生变化。一种观点认为：数据库无所不能，可以用一款数据库解决所有问题、适用所有情况，而不需要进行任何调整（one size fits all）。然而，这种观点忽略了应用场景的独特性。第二种观点认为：数据库本身只是一种工具，而各领域的情况又千差万别，必须针对每种具体情况做出个性化调整，否则难以适配所有的应用场景（one size fits none）。这种观点虽然意识到了不同应用场景之间的差异，但又过于放大了这种差异带来的挑战。最后一种观点认为，现实生活中出现的情况各有不同，但可按照类型进行划分，类似情况可以用同一类方法进行处理（one size fits a bunch）。这种观点是前述两种方案的折中。

区块链是一款多种技术集成的新型数据库软件，显然也需要针对不同应用设计不同的区块链系统。例如，共享单车应用相对较为简单，采用轻量级的区块链就足以应付；而金融领域的业务逻辑较为复杂，需要采用重量级的区块链。

（四）数据库哲学：抽象

数据库的哲学是抽象。抽象的原意就是排除和抽出，实质是通过概括来找出共性、普遍、本质的东西。以关系数据库为例，利用关系模型对物理世界进行建模，用事务处理模型来处理记账、转账等各种交易，构建基准评测来客观地评价不同关系数据库产品的性能。这些技术是在不同方面进行抽象，关系模型是对数据语义的抽象，事务处理模型是对应用逻辑的抽象，基准评测是对产品能力的抽象。

在研发信任数据库时，也需要关注如何进行抽象。区块链是一种新型数据库软件，在处理区块链数据时，需要构建新的数据模型，开发新的交易处理算法，构建新型的评测基准。因此，研发信任数据库本质上是发展信任科技的过程。

（五）区块链的黄金发展期

当前，区块链迎来了黄金发展时期。互联网技术的发展使得信任构建成为关键因素。分享经济的发展迫切需要在陌生人之间建立信任关系，使更多人有意愿参与进来。传统的信任构建方式成本高昂、效率低下，只有区块链能够基于数据和数学，高效地解决这个问题。分享经济向纵深发展，业务种类和参与实体数量都在迅猛增加，为了与分享经济的发展相适配，亟须发展关键核心技术，包括但不限于数据可扩展存储、高效交易执行和共识机制等。只有解决这些核心问题，才能够真正将区块链用于解决实际问题。

区块链的重要性在于它是下一代互联网的关键基础设施，不仅能够有效传播信息，而且还能够确保信息真实、可信任。区块链作为关键基础设施能够对数据进行确权，并保证数据真实可靠。区块链不单纯是技术，还涉及数据、法律、经济行为等多方面内容。区块链的底层是数学，利用数学在不同实体之间建立共识；中层是法律，利用智能合约使得程序自动化运行，并将规则嵌在其中；上层是经济行为，反映了不同用户或实体之间的交易信息。

六、结束语

区块链本质是信任数据库，是基于数据和数学模型来记录人和人之间的信任关系，使信任机制从农耕文明向数字文明跨越式发展。在数字文明之前，信任关系构建手段有限、效率较低，主要是采用血缘、地缘、信用等方式进行构建。在数字文明时代，经济发展需要更广泛、更大规模的用户积极参与，这就需要发展以区块链为核心的信任科技。

本章习题

一、单选题

1. 区块链技术的（　　）特性可以确保数据真实、可信任。

    A. 分布式存储

    B. 加密安全

    C. 不可篡改

    D. 智能合约

2. 区块链作为新一代互联网基础设施的身份是在（　　）事件中被公众广泛认识的。

    A. 比特币的发行

    B. 2014年大英图书馆的研讨

C. 2016 年共享单车的风靡

D. 2019 年中央政治局的集体学习

3. 区块链技术在供给侧改革中扮演（　　）角色。

A. 提供技术支持

B. 提供资金支持

C. 提供政策指导

D. 提供市场需求

4. 区块链技术在金融领域中的应用可以增强（　　）。

A. 金融产品的多样性

B. 金融市场的稳定性

C. 金融交易的透明度

D. 金融机构的利润率

5. 区块链技术在数字经济模式创新中的作用不包括（　　）。

A. 降低成本

B. 提高效率

C. 增强信任关系

D. 减少交易风险

6. 区块链促进公共服务的优化的方式是（　　）。

A. 通过自动化服务

B. 通过个性化服务

C. 通过数据共享

D. 通过数据外包

7. 区块链技术在数字文明时代的作用是（　　）。

  A. 传播信息

  B. 确保信息真实性

  C. 增加信息种类

  D. 提高信息速度

8. 区块链技术帮助金融行业创新与效率提升的方式是（　　）。

  A. 通过减少金融产品种类

  B. 通过降低金融服务质量

  C. 通过限制金融服务范围

  D. 通过增强金融服务透明度

二、填空题

1. 区块链技术推动了数字化转型实施，有利于在大规模群体之间构建_____体系。

2. _____、人工智能和大数据一同被称为推动金融科技发展的三大关键技术要素。

3. 区块链技术可以提供_____、_____的环境，营造良好的商业环境。

4. 区块链采用_____数据结构来表示，它由许多个区块组成。

5. 区块链技术背后的逻辑是利用平台收集和使用数据，构建基于数据的_____。

6. 区块链技术作为信任科技，基于_____和_____来建立人和人之间的信任，使信任机制从农耕文明向数字文明跨越式发展。

7. 区块链技术通过_____使得程序自动化运行，并将规则嵌在其中。

8. 区块链技术中使用的_____可以验证数据的真实性并确保数据的完整性。

三、简答题

1. 阐述区块链技术在数字文明时代扮演者的角色。
2. 阐述区块链技术是如何帮助构建和维护一个健康的金融生态。
3. 共享单车如何体现共享经济特点？其在城市交通中发挥了什么作用？
4. 区块链技术如何解决共享经济中的信任问题？
5. 描述区块链技术在供给侧改革中的作用。
6. 为什么说区块链技术能够提供公开透明、互相信任的环境？
7. 区块链技术在金融科技领域中的应用有哪些优势？
8. 阐述区块链技术在推动高质量发展中的重要性。
9. 阐述区块链技术在金融数字化转型中的重要性。
10. 阐述区块链技术在数字经济中的作用。

第七章
参考文献

第七章
选择题和填空题
答案

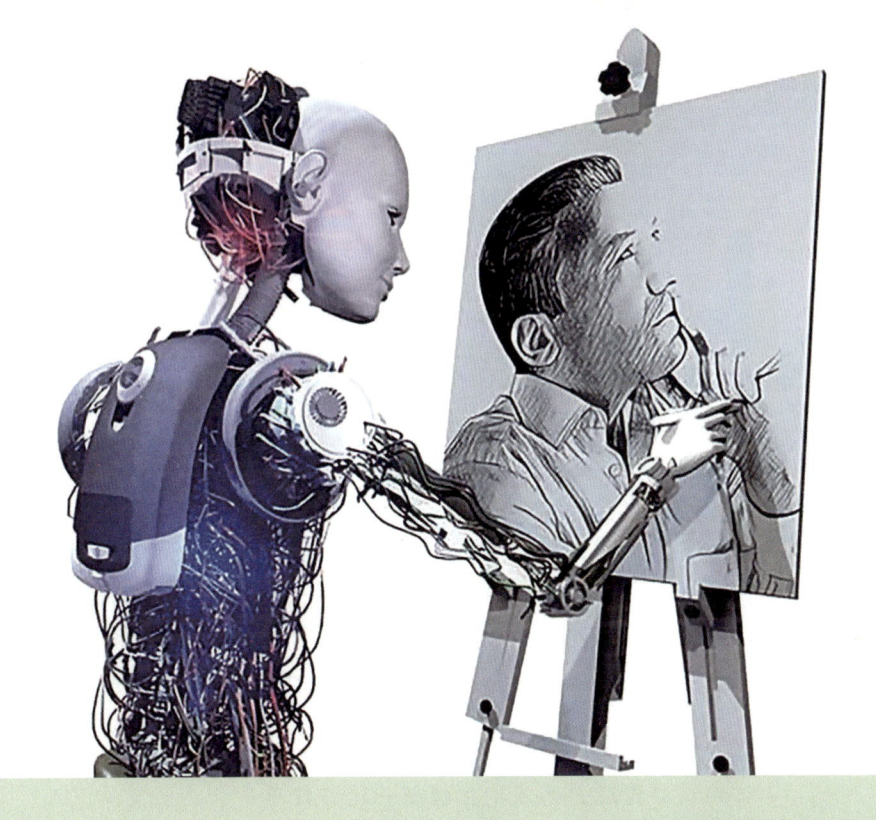

第三篇

实践篇

我国数字化转型日趋深入，产业转型基础不断夯实，企业数字化转型持续深化，转型探索实践迈向新台阶。实践篇主要介绍教育和城市两个场景的数字化转型，特别针对贵州省情介绍了"东数西算"工程，以及贵州算力发展的机遇与发展路径。通过这部分内容的学习，可加深大学生们对数字经济、数字化转型的理解，帮助大学生们明确产业数字化、全社会数字化转型的发展方向、主要任务和重点工程。

第八章 教育数字化转型

导读

2023年，习近平总书记在主持中共中央政治局第五次集体学习时指出："教育数字化是我国开辟教育发展新赛道和塑造教育发展新优势的重要突破口"。习近平总书记的重要论述，为我们把握新一轮科技革命和产业变革深入发展的机遇、建设教育强国指明了方向。

本章从教育信息化与教育数字化的区别、科技革命对教育的影响，以及教育科技 ABCDE 及其发展趋势介绍我国教育数字化转型实践。

一、对教育信息化和教育数字化的理解

（一）教育信息化

1. 教育信息化的起源与发展历程

信息化是指在一定的社会环境下，通过信息技术的广泛应用，让信息的获取、处理、传输和应用等过程变得更加高效、便捷和智能化

的一种社会现象。信息化起源于20世纪60年代的美国,当时计算机技术的飞速发展,使得人们开始探索如何将计算机应用于各个领域,以提高工作效率。此后,信息化逐渐成为全球性的发展趋势,各国纷纷将信息技术作为国家发展的重要战略。

教育信息化是指将信息技术应用于教学、管理、科研等多个方面,推动教育教学改革与发展的过程。其核心在于利用现代信息技术,使用如电子教材、在线学习平台、学生信息管理系统和其他教育信息系统等方式,改善学校管理和学习体验,提高教育质量和效率,满足新时代人才培养的需求。教育信息化与其他行业利用信息技术改造传统行业没有本质的不同。

教育信息化的起源可以追溯到20世纪80年代的美国,当时计算机技术的普及和互联网的发展,为教育信息化提供了技术基础。在我国,教育信息化的发展可以追溯到20世纪90年代,随着国家对教育信息化重视程度不断提高,以及当时计算机技术和互联网的快速发展为教育信息化提供的技术支持,使得教育信息化取得了显著成果。信息化和教育信息化的起源与发展历程,都体现了人类社会对信息技术应用的不断探索和创新。在这个过程中,信息技术从最初的工具层面,逐渐上升到战略层面,成为推动社会发展和教育改革的重要力量。

教育信息化的特点是:(1)技术驱动,着眼于利用信息技术工具改进教育教学过程,如在线课程、电子图书和学习管理系统;(2)教学辅助,主要目的是改进传统的教育方式,提供更多的教育资源和工具,以满足学生和教师的需求;(3)效率提升,提高知识传播效率,强调降低教育成本,提高教育质量和学校管理效率。

我国出台了一系列政策，推动了教育信息化的深入发展。我国教育信息化的发展经历了以下几个阶段。

（1）前教育信息化阶段：这个阶段的主要任务是建立教育信息化的基础设施，包括校园网、教育城域网、计算机机房、多媒体教室等网络和校园信息化基础设施。在这个阶段，我国投入了大量资金用于教育信息化的基础设施建设，为广大师生提供了便捷的网络环境。此外，这个阶段还重点关注计算机实验教学及计算机辅助教学，初步探索教育信息化的发展方向和可行路径。对计算机实验教学与计算机辅助教学的探索，不仅提升了教育信息化水平，更为培养具备信息素养和创新能力的人才奠定了坚实基础。这一系列举措，彰显了我国对教育信息化工作的高度重视，是推进教育现代化的重要举措。

（2）教育信息化1.0阶段：这个阶段包含了资源建设和应用推广两个主要任务。其中，资源建设主要涉及网络课程、教育软件等。在这个阶段，我国鼓励各级各类学校和教育机构开展教育信息化的资源建设，提高了教育质量。在应用推广中，主要涉及在线教育、远程教育、混合式教学等教育信息化应用的推广。在这个阶段，我国积极推动教育信息化应用，促进了教育公平和优质教育资源的共享。

（3）教育信息化2.0阶段：这个阶段的主要任务是实现教育信息化的深度融合，核心是教育教学改革、教育管理创新等。在这个阶段，我国倡导教育教学与信息技术的深度融合，以提高教育质量和加快培养创新型人才。

2012年，教育部发布《教育信息化十年发展规划（2011—2020）》，大力推进"三通两平台"建设，即宽带网络校校通、优质资源班班通、网络学习空间人人通；建设教育资源公共服务平台、建设教育管

文件8-1：
《教育信息化十年发展规划（2011—2020）》

理公共服务平台。"宽带网络校校通"实现提速增智，所有学校全部接入互联网，带宽满足信息化教学需求，无线校园和智能设备应用逐步普及。"优质资源班班通"和"网络学习空间人人通"实现提质增效，在"课堂用、经常用、普遍用"的基础上，形成"校校用平台、班班用资源、人人用空间"。教育资源公共服务平台和教育管理公共服务平台实现融合发展，实现信息化教与学应用覆盖全体教师和全体适龄学生，数字校园建设覆盖各级各类学校。

2018年，教育部印发了《教育信息化2.0行动计划》，诠释了国家对教育信息化的理解，到2022年，基本实现"三全两高一大"的发展目标——教学应用覆盖全体教师、学习应用覆盖全体适龄学生、数字校园建设覆盖全体学校，信息化应用水平和师生信息素养普遍提高，建成"互联网+教育"大平台等。

文件8-2：《教育信息化2.0行动计划》

截至目前，各级各类学校已经全部接入互联网，大多数学校实现了无线网络覆盖，绝大多数学校拥有多媒体教室。教育新基建逐步推进，积极布局教育专网建设，下一代网络技术落地应用等，我国教育信息化2.0的行动步伐正在稳健推进。

以我国中小学教育信息化为例，自改革开放以来，其历经的三大阶段的发展历程、核心事件、重要举措、标志性变化等如图8-1所示。

教育信息化的发展不仅需要政策的支持，还需要广大师生的积极参与。教育信息化为教育教学带来了许多好处，如提高教学质量、促进教育公平、培养创新型人才等。然而，教育信息化也面临一些挑战，如资源建设质量和利用率、人才队伍短缺等问题。因此，我国也一直在加大对教育信息化的支持力度，推动教育信息化的可持续发展。

数字素养

图 8-1 我国中小学教育信息化经历的三大阶段

前教育信息化阶段
计算机实验教学、计算机辅助教学
1978—2000

事件：
- 1982：5所高校附中开设计算机选修课实验
- 1984：计算机的普及要从娃娃抓起
- 1984：中学电子计算机选修课教学纲要
- 1987：普通中学电子计算机选修课教学纲要
- 1994：中国教育和科研计算机网CERNET立项
- 1996：中小学计算机教育软件发展规划
- 1996：中小学计算机教育五年发展纲要
- 2000：中小学信息技术课程指导纲要

前教育信息化阶段措施：
- 以信息化手段开展师资培训
- 开设中小学计算机课程

教育信息化1.0阶段
量变：应用驱动、融合发展
2000—2018

事件：
- 2000："校校通"工程
- 2004：中小学教师教育技术能力标准
- 2005：农村中小学现代远程教育工程
- 2006：教育部教育信息化工作办公室成立
- 2010：电子书包与教育云项目启动
- 2012：教学点数字教育资源全覆盖项目
- 2012："国家教育资源公共服务平台"试运行
- 2014："一师一优课，一课一名师"项目启动，薄改计划
- 2017：数字教育资源公共服务体系建设与应用的指导意见

（基础设施建设 / 应用能力建设）

教育信息化1.0阶段措施：
- 开展教师教育技术能力培训
- 中小学普遍开设信息技术课程
- 实现现代远程教育工程 → 启动"校校通"工程
- 建设精品课程，开放课程和优质资源共课

教育信息化2.0阶段
质变：创新引领、生态变革
2018—至今

事件：
- 2018：教育信息化2.0行动计划
- 2018：网络学习空间建设与应用指南
- 2019：中小学数字校园建设规范
- 2020：关于加强网络学习空间建设与应用的指导意见
- 2021：关于加强"三个课堂"应用的指导意见
- 2021：关于推进教育新型基础设施建设构建高质量教育支撑体系的指导意见

教育信息化2.0阶段措施：
- 推动中小学STEAM教育与人工智能教育
- 形成创新型校园文化氛围

变化：
计算机机房 → 多媒体教室 → 主题教室 → 演播室 → 录播教室 → 虚拟仿真实验室 → 创客教室 → 智慧教室

2. 教育信息化的实践和挑战

在我国，教育信息化已经取得了显著成果，但同时也面临着一系列的挑战。

我国高度重视教育信息化建设，投入大量资金用于教育信息化的基础设施建设，如校园网络、数字化教室、远程教育平台等。此外，教育信息化还推动了教学方法的创新，如翻转课堂、混合式教学等，使教学更加灵活、高效。在教育管理方面，信息化手段如在线报名、电子成绩单、智能排课等大大提高了管理效率。同时，教育信息化也为教育科研提供了便利，如教育大数据、云计算等技术，为教育改革和发展提供了有力保障。

然而，教育信息化在发展过程中也面临着诸多挑战。一是区域发展不平衡。城市与农村、发达地区与欠发达地区在教育信息化建设方面存在较大差距，这可能导致教育资源的分配不公平，加剧教育不公平。二是人才短缺。教育信息化需要大量具备信息技术素养的教师和管理人员，但目前我国这方面的人才还相对匮乏。三是教育信息化设备等资源的利用率偏低。在我国，由于缺乏相关专业人才、软件资源不足、缺乏有效的管理、教师培训跟不上、教学方法和模式没有及时更新等原因，很多购置的信息化设备等资源的闲置率较高，利用率不足。

例如，即使是在教育信息化最为关注的教学场景，由于以上所述的种种原因，信息化举措的应用效果不甚理想。信息化教学环节中的典型问题如图 8-2 所示。

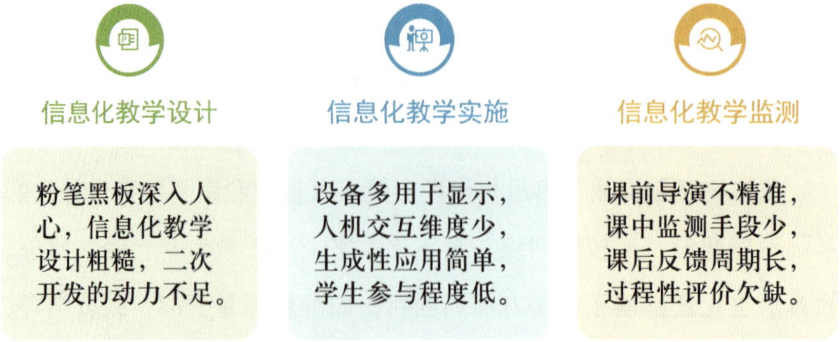

信息化教学设计	信息化教学实施	信息化教学监测
粉笔黑板深入人心，信息化教学设计粗糙，二次开发的动力不足。	设备多用于显示，人机交互维度少，生成性应用简单，学生参与程度低。	课前导演不精准，课中监测手段少，课后反馈周期长，过程性评价欠缺。

图 8-2　信息化教学环节中的典型问题

从教师的角度来看，互动性教学和生成性教学是提升课堂趣味性与创造性的重要手段。随着我国教育信息化基础设施的不断完善，多媒体教学设备更新换代，可供教师选择的多媒体教学手段越来越丰富。但受制于教师信息化教学能力匮乏，信息化教学的设计、实施和监测尚未到达较高水平，多媒体设备的浅层应用让课堂的生成性空间大打折扣，从"人灌"变为"机灌"。从学生的角度看，在班级集体授课模式下，教师难以兼顾每个人的听课状态，受"教师权威"的影响，学生的随堂困惑无法得到及时解答，听课质量难以得到有效保障，往往依赖于课前导学与课后练习，教学反馈及辅导的时间周期拉长，且多依靠教师教学经验的判断，难以实现科学精准的针对性指导。

为了应对这些挑战，除了需要继续加大对教育信息化建设的投入力度，并积极推进区域间的协调发展，以确保教育资源的均衡配置，还需要高度重视教育信息化人才的培养工作，努力培养出一支具备高素质、专业技能过硬的教育信息化人才队伍，更好地为教育事业的发展服务，为培养更多优秀人才、提高国民素质做出更大贡献。为了全面促进教育信息化的深入发展，还需要从以下几个方面进行深入探索和实践：

首先，深化信息技术与教育教学的深度融合。要充分利用信息技术的优势，创新教学模式，提高教学效率和质量。通过推广智能教学系统、在线教育资源平台等，实现教学资源共享和个性化教学，满足不同学生的学习需求，促进教育公平。

其次，加强教育信息化的基础设施建设。要进一步完善教育信息化的网络体系，提高网络带宽和稳定性，确保各级各类学校都能接入高速、安全、可靠的教育信息化网络。同时，还要加强数字校园、智慧教室等新型教育环境的建设，为师生提供更加便捷、高效的学习和工作条件。

再者，完善教育信息化的政策法规体系。要制定和完善教育信息化相关的政策法规，明确各级政府和学校的职责和任务，规范教育信息化建设和应用行为。同时，还要加强监管和评估工作，确保教育信息化建设的顺利推进和有效实施。

最后，加强与先进地区的合作与交流。要积极参与先进地区的教育信息化的交流与合作，学习借鉴先进经验和技术成果，推动我国教育信息化的创新发展。同时，还要加强与国际组织的合作，共同应对全球教育信息化面临的挑战和问题。

教育是全面建设社会主义现代化强国的基础性和战略性的支撑之一。这要求所有的教育事业从业者和参与者以高度的责任感和使命感，不断加大投入力度，深化融合创新，完善基础设施和政策法规体系，加强合作与交流，推动教育信息化事业不断迈上新台阶。

（二）教育数字化转型的内涵与外延

在当今数字化浪潮迅猛推进的时代背景下，教育信息化正步入一个充满机遇的新阶段。科技的日新月异，特别是互联网、大数据、人工智能等前沿技术的广泛应用，已深刻渗透到社会各个角落，教育领域亦不例外，正经历着前所未有的变革。教育信息化建设，也升级到"教育数字化转型"的新阶段。

教育数字化转型是指运用现代信息技术手段，对教育过程、教育资源、教育管理等方面进行全面改革和创新，从而提高教育质量、促进教育公平、培养创新型人才的过程。教育数字化转型不仅是信息技术在教育领域的应用，还是广泛、全面的教育转型升级，从而重新塑造整个教育体系。教育数字化转型不仅是在传统教育模式中加入数字化元素，更是通过信息技术与教育的深度融合，创新教育理念、教学方法和评价体系，实现教育资源的优化配置和教学质量的全面提升。教育数字化转型包括（但不限于）利用数字技术改造和优化教育模式、内容、工具和方法的过程，目的是提升教育质量和效率。这一转型的核心要素包括教学内容的数字化、教育资源的共享、教学方式的创新、教育管理的数智化、学习过程的个性化以及评估方法的多样化等。

2021年12月，国务院印发《"十四五"数字经济发展规划》，提出深入推进智慧教育；2023年1月，全国教育工作会议提出纵深推进教育数字化战略行动。

教育数字化转型，在内涵方面，首先体现在教育理念的更新。传统的以教师为中心的教育模式逐渐向以学生为中心的学习模式转变，强调学生的主体地位和自主学习能力。数字技术的应用使得个性化学

文件8-3：
《"十四五"数字经济发展规划》

习和终身学习成为可能，教育更加注重培养学生的创新能力、批判性思维和合作精神。其次，教育内容也在数字化转型中得到丰富和拓展。数字技术使得知识的传播不再受限于传统教材，线上教育资源和开放课程使得学习者可以接触更广泛的知识和信息。教育内容因此更加多元化和立体化，更能适应不同学习者的需求。

在教育方法上，数字化转型推动了教学手段的创新。在线教学、混合式教学等新型教学模式的出现，改变了传统的课堂讲授方式，使教学活动更加灵活和互动，提高了学习效率。

在教育管理方面，数字化转型带来了管理手段和工具的现代化。大数据、人工智能等技术的应用使得教育管理更加科学和精准，资源配置更加合理，教育决策更加透明和高效。

教育评价也在数字化转型中发生了变化。传统的以考试成绩为主的评价方式逐渐向多元化评价转变，综合素质评价、过程性评价等新型评价方法更加注重学生的全面发展和个性特点。

在外延方面，教育数字化转型不仅局限于学校教育，还包括了终身教育、成人教育等多个领域。教育不再局限于特定的时间和空间，学习者可以根据自己的需要选择学习的时间、地点和内容。此外，教育数字化转型还涉及教育公平和质量的提升。通过数字技术的应用，优质教育资源可以辐射更广阔的地区和更广泛的人群，有助于缩小城乡、区域之间的教育差距，推动教育公平。同时，通过数据分析和学习反馈，教育工作者可以及时了解教学效果，调整教学策略，提高教育质量。

教育数字化转型是一个涉及教育全链条的深刻变革，它不仅包含教育内部的各种元素，还涉及教育外部的社会环境。这一转型过程将推动教育更加公平、高效、高质量地发展，以适应新时代人才培养的需求。教育数字化转型首先会逐步打破现行的课堂、班级、学校以及学段的教育教学组织方式，形成时时、处处、人人可学的学习新形态；其次是打破一门课、一本书的局限，极大地丰富教育内容，为学生广泛吸取和选择学习内容提供了无限广阔的天地；第三是打破在一个学段内固定学生班级的局面，通过开拓学习社区，让每个学生可以听取不同老师的课程，每位老师可以服务不同学生；第四是打破标准化、统一化的评价体系，为真正实现因材施教提供了可能。

教育数字化转型包括如下几个重要方面：

（1）数字化学习——从标准化走向个性化。教育数字化转型使得"为每个人提供适合的教育"成为可能。在自适应学习的环境下，个人是主动的，内容服务于学习者，规则和流程围绕学习者的需要重组和再造。国家大力推行的智慧教育公共服务平台就是满足个性化学习的资源库。

（2）数字化教学——从被动接受走向主动探究。传统课堂是教育教学的主阵地，是提高教育质量的关键环节。但课堂授课自上而下的本质导致其信息传输效率一直在学生中呈现较大差异。从被动学习走向主动探究，学生才能真正成为学习的主人。智能教室的多项软硬件技术强调交互性，通过让课本内容"活过来""动起来"，有效提升学生探求知识的动力。

（3）数字化管理——从静态监管到动态治理。伴随着教学管理流程的数据化，以及数据采集方式的多样化，教育管理逐步实现有效监管，进而不断优化管理流程与机制。通过对学生学习、教师教学、资源应用、平台使用等方面的数据进行实时采集，建构数字孪生的学习环境，建立有效决策的教育治理机制，实现平台的智能化管理与动态治理。

（4）数字化评价——从选拔走向促进学生个性化成长。传统的教育评价的主要功能是为了甄别、选拔，而教育评价的目的更重要的是促进学生更好地成长，做最好的自己。评价理念的变化要求评价技术和方法发生相应的变化。要以数字化技术为支撑，发展核心素养导向的教育测评，包括研究复杂测评任务的自动化生成，自动化评分、诊断与辅导等智能技术，建立基于多模态数据的测量模型与数据科学深度融合的计算心理计量模型，实现教育评价的数字化转型。

教育数字化转型的主要特点包括以下几个。

（1）数据驱动：通过数据分析和学习分析等技术，提供有关学生和教育过程的深入洞察，支撑决策和教学过程优化。

（2）个性化学习体验：创新学习方式，使学生更具主动性和创造性，个性化定制学习路径。

（3）知识共享：强调开放、共享的知识获取方式，通过数字技术促进全球范围内的教育资源共享。

（4）教育生态系统变革：着眼于整个教育体系的变革，逐步建立包括学习社区、教育资源平台、行业应用厂商和政府在内的广泛合作网络。

当前，我国教育数字化战略行动已经全面启动，教育的全面数字化转型已成必然趋势，通过推进信息技术与教育的深度融合，全局化思考教育发展动力，促进教育的理念重塑、模式重建、流程优化，丰富智能化学习内容，我国必将打造更加公平、更有质量、更加美好的未来教育。

微视频 8-1：
反思在线教育

（三）在线学习是教育数字化转型的重要途径

当今数字化时代，基于在线教育的教育数字化转型已经成为全球教育发展的重要趋势。这种转型不仅对教育模式、教育内容、教育方法产生了深刻影响，而且对教育管理、教育评价、教育公平等教育领域的诸多方面带来了革命性的变革。

在线学习平台，作为推动教育数字化进程的核心途径与工具，其重要性不言而喻。在线学习平台依托互联网技术与数字媒体的强大支撑，实现了学习资源的高效共享与教育信息的迅速传播，从而极大地拓宽了教育的时间与空间边界。在此平台上，学习者能够便捷触及庞大的学习资源库，并根据个人需求与进度，灵活安排学习内容与时间，实现个性化与自主化的学习模式。同时，教育工作者亦能借助该平台，运用多媒体与互动教学工具，革新教学方法，提升教学效果，进而实现教育资源的优化配置与教育服务的广泛普及（见图 8-3）。

图 8-3　一些国内外的在线学习平台

在线学习和在线学习平台的兴起，无疑是教育数字化进程中的一大亮点，它们正以前所未有的力度，重塑着传统的教育模式与学习范式，引领着教育向现代化与智能化的方向迈进。随着技术的持续进步与应用的日益深化，在线教育的前景将更加广阔，潜力无限。一方面，人工智能、大数据、云计算等前沿技术的飞速发展，将赋予在线教育更加精准的教学评估与个性化推荐能力，为每位学习者量身打造最适合其需求的学习路径与资源，进而提升学习成效与满意度。另一方面，在线教育还将进一步推动教育公平的实现，通过打破地域、经济等限制因素，让偏远地区与经济条件有限的学生也能享受优质的教育资源，从而有效缩小教育差距，实现教育资源的均衡分布。此外，在线教育还能为特殊需求学生提供定制化的学习支持，如为残疾人士打造无障碍的学习环境，为语言学习者提供多语言学习平台等，充分满足学习者多样化的学习需求。

通过与传统教育机构的深度合作与融合，在线教育将汇聚更多优质教育资源与专业师资力量，推动整体教育质量与水平的提升。同时，借助大数据与人工智能技术，在线教育平台还将实现对教育过程的智能化管理与优化，提升教育效率与管理效能。这些积极变化都将为教育产业的可持续发展注入强劲动力与无限活力。

作为教育数字化的关键推手，在线教育在促进教育资源共享、教学方法创新、教育公平实现等方面发挥着不可替代的作用。随着信息技术的不断进步与应用的持续深化，基于在线教育的教育数字化转型已经成为教育发展的重要趋势，它不仅改变了教育模式、教育内容、教育方法，而且对教育管理、教育评价、教育公平等方面产生了深刻影响。我们有理由相信，在线教育将在未来成为推动教育现代化与智能化的重要力量，为构建更加公平、高效、创新的教育体系贡献力量。

2022年3月28日，我国正式上线了包含了国家中小学智慧教育平台、国家职业教育智慧教育平台、国家高等教育智慧教育平台，以及国家24365大学生就业服务平台的国家智慧教育公共服务平台（见图8-4）。该平台聚集了大量课程及学习资源，是提供公共服务的国家平台、学生学习交流的平台、教师教书育人的平台、学校办学治校与合作交流的平台、教育提质增效和改革发展的平台，实现个性化学习、终身学习和教育现代化的平台。截至2024年5月15日，该平台注册用户突破1亿人，页面浏览总量已达405.40亿次。

图8-4　国家智慧教育公共服务平台

（四）教育数字化转型的重要意义

数字化已渗透社会的方方面面，教育领域也不例外。在教育行业中，从最初的网络接入作为起点，历经多媒体教室的普及，再到移动网络覆盖的实现，直至智能交互教室与虚拟仿真实验室的涌现，这一系列变革无不彰显教育行业积极拥抱信息化和数字化的坚定步伐。教育数字化转型的核心价值和意义，在于推动教育模式的深刻转变与质量的全面提升，主要包括以下几个方面。

（1）提高教育质量：教育数字化转型对提升教育质量具有显著促进作用。具体而言，数字化技术的引入首先为教师群体带来了丰富的教育资源，极大地拓宽了教学内容的深度与广度，从而助力教师更加灵活多样地设计并实施教学活动。其次，数字技术为实现个性化教学提供了强有力的支撑，能够根据学生的个体差异和学习需求，精准推送定制化的学习路径与资源，有效促进每位学生的全面发展。此外，数字化技术还有助于促进课堂内外的互动，增强学生的学习参与度和积极性，进而提升整体学习效果。

（2）促进教育公平：教育数字化转型在缩小城乡、贫富之间教育差距方面发挥着重要作用。互联网技术能够打破地域界限，使优质教育资源得以广泛传播，惠及更多学子。这一技术不仅促进了教育公平，还为学生们提供了更广阔的发展空间。同时，数字技术的应用为弱势群体提供了融入社会的桥梁，通过提升他们的综合素质和竞争力，帮助他们更好地适应社会发展。此外，数字技术还有助于推动教育管理的精细化进程，确保每位学生都能获得必要的关注和支持，从而进一步提升教育质量。

（3）培养创新型人才：教育数字化转型对培养创新型人才具有重要意义。当今数字化时代，创新能力已成为评估个人综合素质的关键指标之一。借助先进的数字技术，有助于为学生创造更为丰富和高效的学习环境，使他们能够在实践中不断探索与学习，从而掌握多样化的技能，并在此过程中逐步培养创新思维与实践能力。

（4）推动教育改革：教育数字化转型是推动教育改革的重要途径。教育数字化转型要求我们不断反思和完善现有的教育制度和方法，探索适应时代发展的新型教育模式。只有这样，才能培养出更多具备创新精神和实践能力的人才，为国家的发展和社会的进步做出贡献。

教育数字化转型的本质意义在于提高教育质量、促进教育公平、培养创新型人才以及推动教育改革。面对数字化时代的挑战和机遇，我们应该积极拥抱变革，努力推进教育数字化转型，为构建更加美好的未来贡献力量。

二、数据赋能和科技助力在教育中的作用

（一）数据赋能的概念与核心理念

"赋能"这一概念的核心是向个体或组织赋予必要的力量、能力与资源。数字时代，数据被形象地比喻为新时代的能源，成为推动社会持续进步与深刻变革的关键驱动力。数据赋能，正是将这一无形资源的潜在价值，转化为推动各行各业创新发展的强大动力。在此转化过程中，data is power（数据即能源）的核心理念得到了淋漓尽致的展现。数据，犹如现代社会中的电力，是开展一切行动与创新活动的基石与源泉。没有数据的支撑与赋能，数字时代任何领域的进步与发展都将困难重重。

数据赋能是一个全新的概念，它指的是通过数据的收集、处理、分析和应用，使得个体、组织或系统能够获得更强的决策能力、执行能力和创新能力。数据赋能的核心理念在于，将数据作为一种重要的

微视频 8-2：解读"数据赋能"

资源，通过挖掘和利用数据的价值，为各类主体提供力量和能力，帮助它们在各自的领域中实现更好的发展和更高的成就。

数据赋能的概念包括几个关键的组成部分。首先，数据的收集是数据赋能的基础，它涉及从各种渠道和来源获取数据，包括结构化数据和非结构化数据。其次，数据的处理和分析是数据赋能的核心，它包括对数据进行清洗、整合、挖掘和分析，以获得有价值的信息和洞察。最后，数据的应用是数据赋能的目标，它将数据分析和洞察应用于实际决策、执行和创新中，以提高效率和创新能力。

数据赋能的核心理念有几个重要的特点。首先，数据赋能强调数据的价值和重要性，认为数据是一种宝贵的资源，可以提供强大的支持和帮助。其次，数据赋能强调数据的客观性和真实性，认为数据可以提供客观的视角和真实的反馈，帮助个体和组织做出更准确的决策。最后，数据赋能强调数据的可塑性和灵活性，认为数据可以根据不同的需求和场景进行处理和应用，以满足各种复杂和多变的需求。

总的来说，数据赋能是一个通过数据的收集、处理、分析和应用，为个体、组织或系统提供力量和能力的过程。它的核心理念在于，通过挖掘和利用数据的价值，帮助各类主体在各自的领域中实现更好的发展。数据赋能的概念和核心理念，正在逐渐成为各个领域和行业的重要趋势和共识，为人们的工作和生活带来更强大的力量和可能性。

（二）数据对教育决策和教学质量提升的赋能

在数字时代，数据已成为教育决策和教学质量提升过程中不可或缺的关键要素。教育数据的科学运用，为教育工作者提供了坚实、客观的决策支撑，进而精准地回应社会与学生的需求。通过对大量教育数据的深入挖掘和分析，教育工作者能够更准确地把握学生的学习需求，进而优化教学策略，显著提升教学质量。数据对优化教育决策、提升教育质量的赋能作用主要体现在如下方面：

（1）数据在教育领域的应用有助于深刻洞察教育的真实状况。通过系统性地收集和分析学生成绩、教师教学质量、学校管理效能等多维度数据，能够全面且精准地把握教育现状与发展脉络，为教育政策的科学制定奠定坚实基础。例如，对学生成绩数据的深度剖析，能够清晰展现学生的学业水平的分布特征，进而为个性化教学计划的制定与精准辅导策略的实施提供有力支持。

（2）数据在优化教育资源配置方面发挥着重要作用。通过对教育资源利用情况、需求分布等关键数据的细致分析，能够精准识别资源配置中的瓶颈与不足，为教育资源的精准投放与高效利用提供科学指导。例如，对学校设施与教学设备使用情况的全面分析，有助于合理调整资源布局，提升教育资源的使用效率与效益。

（3）数据对教育质量的持续监测与改进具有不可替代的作用。通过实时监测与分析教育教学过程中的各项关键数据，有助于及时发现并解决教育教学中存在的问题，为教育质量的稳步提升提供有力保障。例如，对课堂教学、学生学习行为等数据的深度挖掘与分析，能够精准定位教学过程中的薄弱环节，推动教育教学方法的持续创新与优化。

（4）数据是支撑实施个性化学习的关键要素。在教学过程中，教师通过数据分析、了解每个学生的学习情况，包括知识掌握程度、学习习惯和兴趣点等，从而结合个人经验和个性化学习工具系统制定更具针对性的教学计划，实现个性化教学。例如，部分学生在数学的代数领域表现不佳，而几何领域则相对擅长，教师就可以针对性地调整教学计划，增加代数领域的辅导时间，同时利用几何领域的优势激励学生克服困难，提高学习效率。

（5）数据在教育政策评估与监督领域具有重要意义。通过对教育政策实施过程与效果数据的深入剖析，有助于科学评估政策的合理性与有效性，为教育政策的动态调整与优化提供可靠依据。例如，对教育改革政策实施数据的全面监测与评估，能够及时发现政策执行中的问题与挑战，为政策的进一步完善与提升提供有力支持。

（6）数据为教育科研和教育改革提供新的动力。在教研教改方面，数据成为重要的研究素材，数据驱动的计算教育学已经成为教育学研究的新趋势。教育工作者可以利用数据和数据分析方法研究学习者的行为模式，探索教育规律，为教育改革提供理论支撑。同时，通过对大量教育数据的挖掘和分析，研究者可以发现现有教育体系中的问题和不足，为教育改革提供方向。

在教育数字化的进程中，教育教学环节占据了核心地位，涵盖了从课前准备、课堂互动到课后复习的各个环节。管理服务则扮演着枢纽的角色，将教师的教学活动、学生的学习过程以及其他相关服务有机地串联起来，确保整个教育生态的高效运转。而数据的有效利用在教育数字化中起到了至关重要的作用。通过对大量教育数据的分析和挖掘，可以实现对学生学习情况、考试情况、教师教学情况以及学校整体教育状况的深入了解和精准把握。这种数据驱动的方法不仅提高了教育决策的科学性，还促进了教育质量的全面提升，实现了"学情、考情、教情和校情"这四个方面的深度融合（见图8-5），推动了教育的个性化和智能化发展。

图 8-5 "学情、考情、教情和校情"的四情融合

当然，数据在教育领域的赋能和应用也存在一定的挑战。例如，如何保护学生的隐私，确保教育数据的安全；如何提高数据分析的准确性和可靠性，避免因数据质量问题导致错误的教育决策等。解决这些问题需要教育工作者、管理者和研究者共同努力，制定相应的政策和规范，确保数据分析在教育领域的健康发展。

总的来说，数据在优化教育决策、提升教育质量和效率方面具有重要作用。应该充分利用数据资源，提高数据分析和应用能力，通过对大量教育数据的深入挖掘和分析，为教育决策提供有力支持，促进个性化学习的实施，推动我国教育事业实现更加公平、高效和健康的发展。

（三）数智技术助力教育的发展

数据智能（data intelligence）技术，也称为数智技术。当前，数智技术体系主要由大数据技术及人工智能技术两大部分组成：大数据技术旨在从各种类型的数据中快速获取有价值信息，涵盖数据全生命周期的各环节。人工智能技术致力于解决通常与人类智能相关联的问题，涵盖基础自然语言处理、计算机视觉、智能推荐等细分技术方向。在数智技术体系（见图 8-6）中，人工智能技术与大数据技术相

第八章 教育数字化转型　203

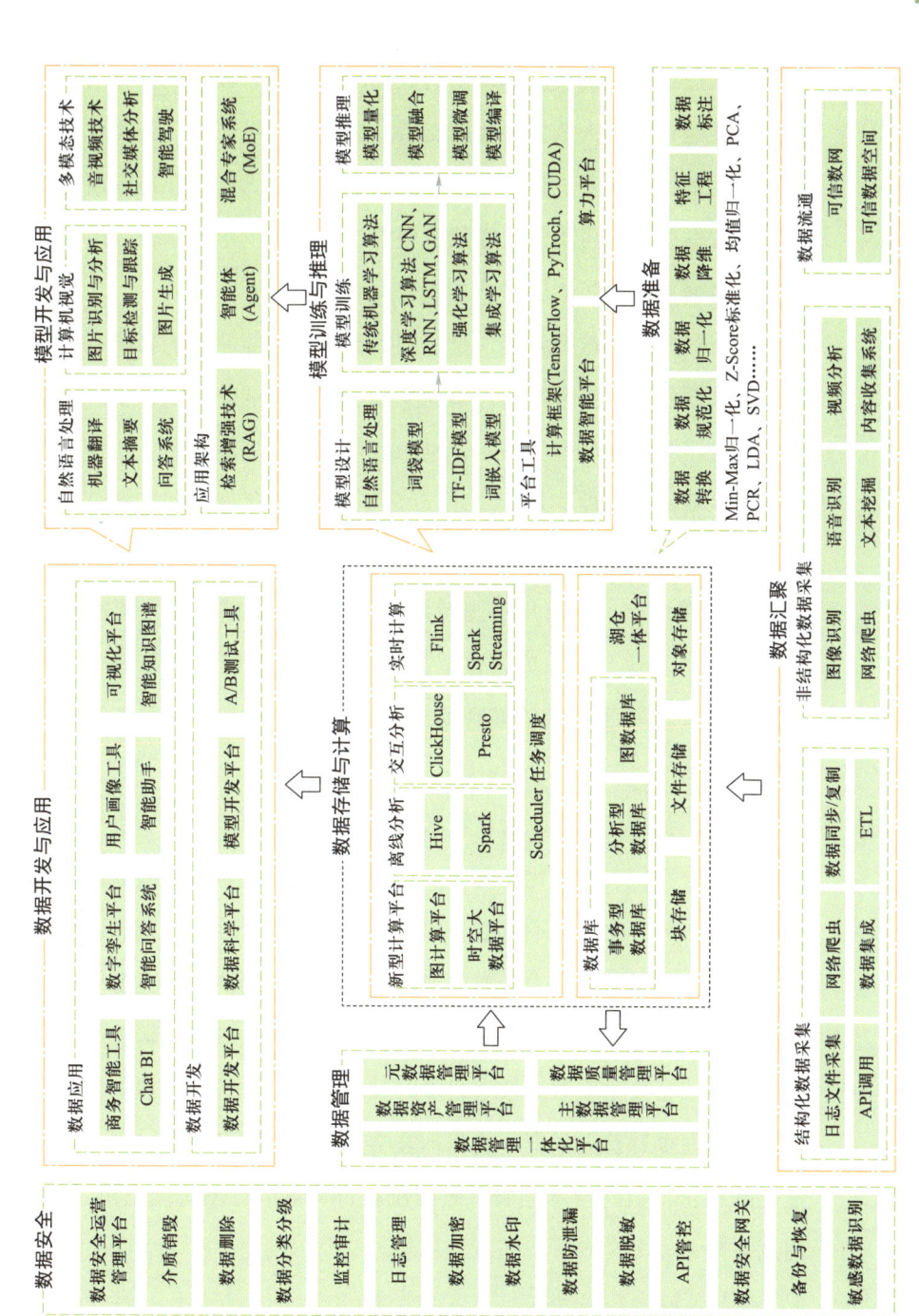

图 8-6　数智技术体系概览

辅相成。在人工智能模型训练前的数据准备环节，数据的处理离不开各类高性能存储及大数据平台的支持；在模型训练环节，各类数据平台为人工智能领域各类计算框架提供了有力的算力支撑；在应用开发环节，数据应用为各类人工智能模型提供了广阔的应用场景及用户数据，助力模型应用效果的进一步提升。

数智科技助力教育发展，是指利用数据和智能领域的各种科技手段，如大数据、人工智能等，来支持和促进教育的数字化转型。科技不仅改变了教学和学习的方式，也为教育管理、资源分配、个性化学习提供了新的可能性。

在数字时代，以大数据和人工智能为代表的数智技术正经历着前所未有的繁荣期，其应用范围持续拓展至各个领域。作为国家发展基石的教育事业，自然成为数智技术应用的重要阵地。数智技术正逐步渗透并革新了传统的教育模式，以创新的姿态引领教育领域的变革。

当前，我国仍然面临着传统教育领域的"不可能三角"挑战：在规模化、公平化与个性化之间，如何寻求平衡。现阶段我国教育体系在规模化与公平化上已取得显著成就，但在实现个性化教育的道路上仍有待提升。而数智技术作为模拟人类智能、辅助决策并具备部分替代人力、拓宽人力边界的数字化工具，为这一挑战带来了转机。通过深度融合数智技术于教育教学之中，赋能教学主体、教学载体、学习主体，从而提升普惠教育下的基本教学质量，并实现教育过程中对个性化的追求，数智技术逐步打破传统教育领域的"不可能三角"，如图 8-7 所示。

图 8-7　数智技术助力打破"不可能三角"

首先，数智技术能够为学生提供高度个性化的学习路径规划。智能教育系统能够精准捕捉每位学生的学习需求、兴趣偏好及个性特征，进而量身打造符合其特点的学习计划。这种个性化的学习方案不仅优化了学生的学习体验，更显著提升了学习效率，促进了学生全面发展。

其次，数智技术在教育辅导方面也展现出了巨大的潜力。通过智能教育平台，学生得以突破时间和空间的限制，随时随地获取所需的答疑解惑服务。例如，当前基于大语言模型的人工智能助手可凭借其卓越的识别与解答能力，迅速响应学生的疑问，并提供精准有效的解答方案，极大地提升了学习的便捷性和灵活性。

此外，数智技术还为教师提供了智能化的教学辅助工具。智能教育系统能够实时追踪学生的学习进展，生成详尽的数据分析报告，帮助教师全面了解学生的学习状况。基于此，教师可以更加精准地调整教学策略和方法，实现因材施教，提升教学质量。

同时，数智技术的应用，还有效地促进了在线学习平台和智慧在线学习的推广和普及。在线教育作为一种新兴的教育模式，其独特之处在于能够在大数据和人工智能等数智技术的支撑下，同时满足大规模教育与个性化学习的需求。

在当前数字时代，人工智能、大数据等技术加持教育教学以提升教育质量、促进教育公平已成为教育界的共识。数智技术对教育教学的赋能，当前主要集中在"教学、学习、测评、管理"等各教育环节中的应用，如图 8-8 所示。

教育目标	提高教育质量，实现因材施教	促进教育公平，扩大优质教育资源规模	推动减负增效，提升教学效率

实现

教育主体	教师	学生	学校	家长	行政部门及政府

支持

教育应用	教学环节	学习环节	测评环节	管理环节
	教研支持	智能助教	智能阅卷	智慧校园
	精准教学	精准学习	英语听说	决策支持
	作业批改	口语陪练	理化生实验	校园安防
	教师助手	拍照搜题	体育测评	智能排课
	……	……	……	……

赋能

数智技术	大数据	人工智能大模型	自然语言处理	计算机视觉	知识图谱	智能语音	……

图 8-8 数智技术助力教育发展的典型应用

个性化精准教学是教育数字化过程中最为重要的数智技术应用场景。它要求能够根据每个学生（群体）的学习特点、兴趣和需求，制定和实施有针对性的教学方案。这种教学方法强调因材施教，旨在最大限度地发挥每个学生的潜力，提升学习效果。个性化精准教学相关应用目前在校内覆盖范围较广，其在行为采集、学情分析、知识图谱、机器学习等数智技术的支持下，通过跟踪、记录和分析学生学习过程数据，为教师的教学设计、教学决策等环节提供科学依据，如图 8-9 所示。

个性化精准教学所涉及的数据主要产生并流转于课前、课中和课后三个环节。课前环节中，教师可以基于历史学情数据，对成熟教学资源进行个性化班级调整，高效形成班本课程。课中环节中，在智慧白板等智能硬件的支撑下，教师可以快速获取后续教学优化所需的相关数据。课后环节中，教师结合现阶段知识重点与学生薄弱点，精准下发个性化作业，并借助光学字符阅读器（optical character reader，OCR）等人工智能技术实现作业智能评分、学习评价等相关主题分析，动态更新学生学情数据。

个性化精准学习应用能够精确识别学生知识掌握的薄弱环节，并针对性地推荐学习材料，满足了学生的个性化学习需求。虽然此类"自适应学习"技术已历经多年发展，技术架构相对成熟且稳定，构建基础架构的难度并不大，但是训练数据的规模、算法的效能以及学习资源的丰富程度仍然是形成差异化竞争优势的关键制约因素。从应用的发展趋势来看，大模型的引入为个性化精准学习带来了新的发展机遇，使得学生练习题型更加多样化、知识点漏洞的定位更加精确、学习画像的构建更加全面。大语言模型等新兴人工智能（artificial intelligence，AI）模型已成为推动个性化精准学习应用在效能上实现进一步突破的新动力。个性化精准学习应用的功能框架如图 8-10 所示。

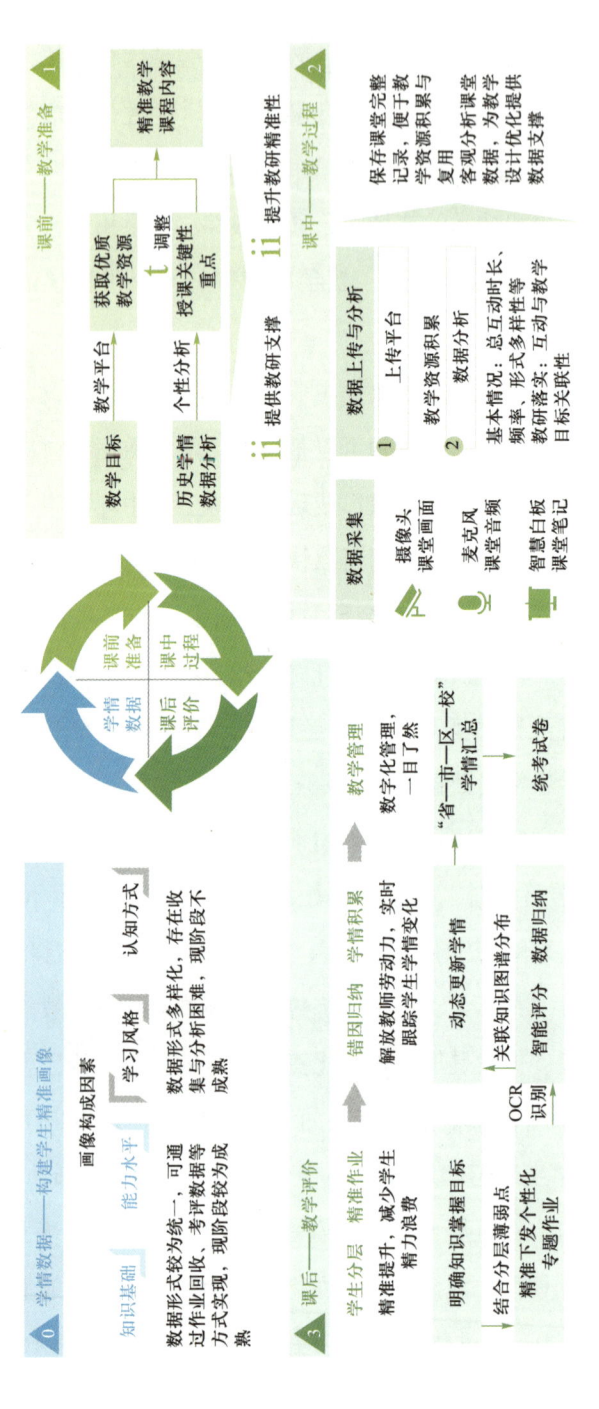

图 8-9 个性化精准教学的典型环节

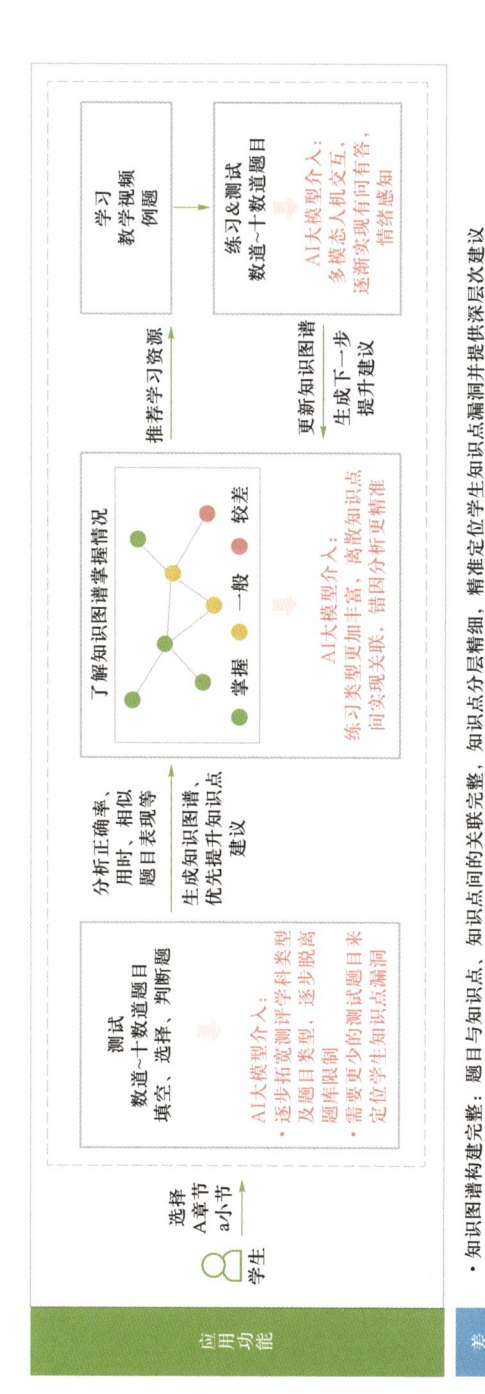

图 8-10 个性化精准学习应用的功能框架

随着数智技术和数智化的不断进步与成熟，教育各环节的数字化和智能化程度也将逐渐提升。有理由相信，未来的教育将更加趋于公平与智能化，为我国乃至全球培养更多高素质、创新型人才奠定坚实基础。数智+教育各环节发展成熟度如图8-11所示。

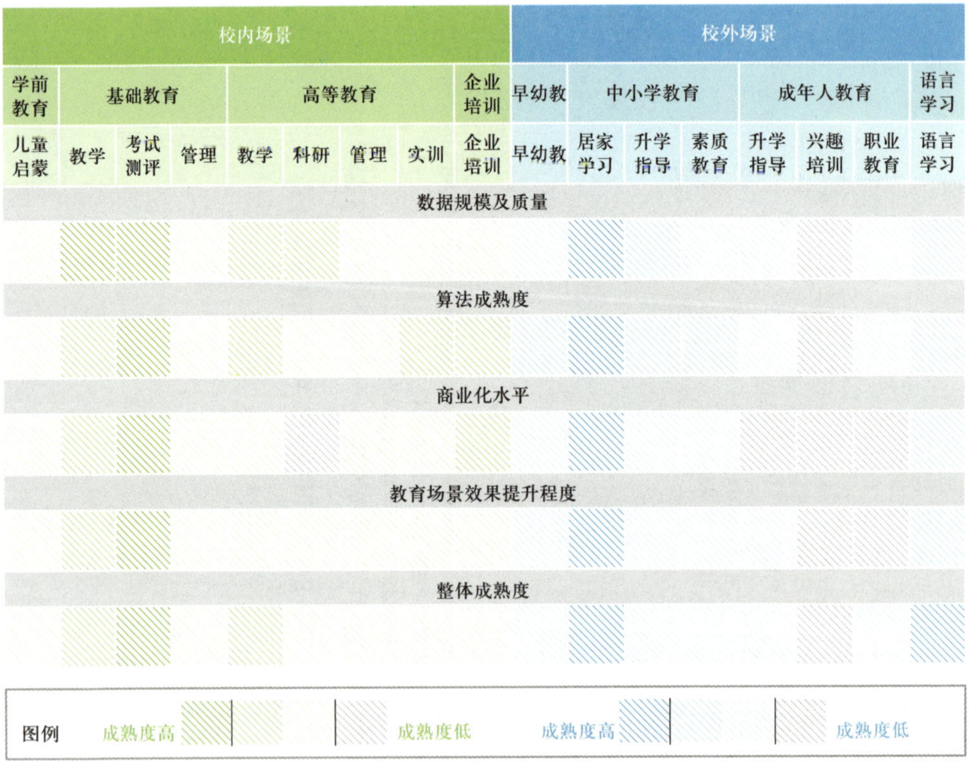

图 8-11　数智+教育各环节发展成熟度

三、教育科技的核心要素和发展趋势

（一）教育科技的 ABCDE

以大数据、人工智能等数智技术为核心的教育科技赋能现代教育

教学，以建设高质量智慧教育能力，培育和形成新质生产力，已是大势所趋。智慧教育能力建设的核心是要落实"有教无类，因材施教"的教育原则，以及"教学相长，寓教于乐"的核心理念。

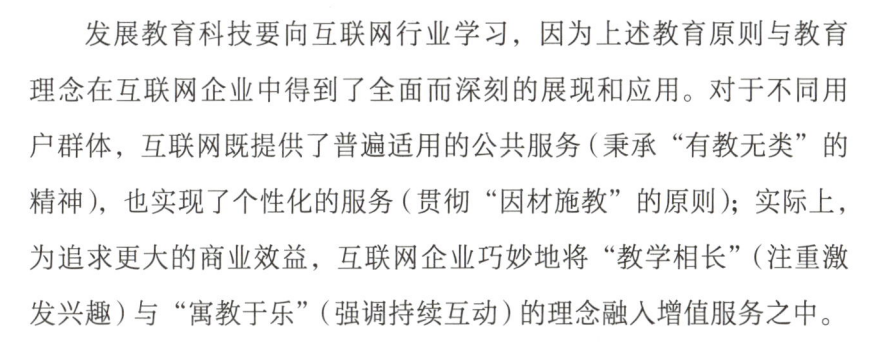

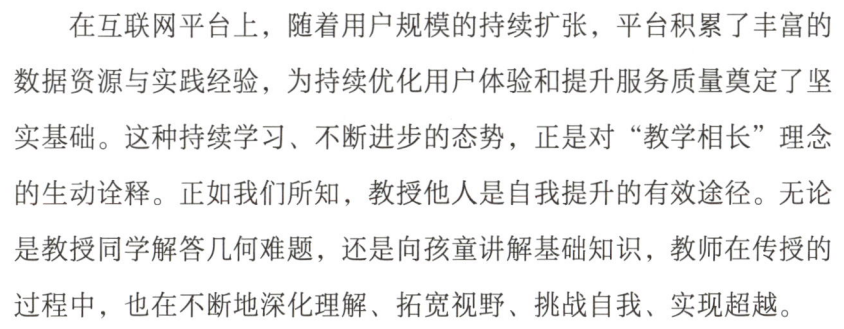

微视频8-3：教育科技的ABCDE

发展教育科技要向互联网行业学习，因为上述教育原则与教育理念在互联网企业中得到了全面而深刻的展现和应用。对于不同用户群体，互联网既提供了普遍适用的公共服务（秉承"有教无类"的精神），也实现了个性化的服务（贯彻"因材施教"的原则）；实际上，为追求更大的商业效益，互联网企业巧妙地将"教学相长"（注重激发兴趣）与"寓教于乐"（强调持续互动）的理念融入增值服务之中。

在互联网平台上，随着用户规模的持续扩张，平台积累了丰富的数据资源与实践经验，为持续优化用户体验和提升服务质量奠定了坚实基础。这种持续学习、不断进步的态势，正是对"教学相长"理念的生动诠释。正如我们所知，教授他人是自我提升的有效途径。无论是教授同学解答几何难题，还是向孩童讲解基础知识，教师在传授的过程中，也在不断地深化理解、拓宽视野、挑战自我、实现超越。

设想一下，当在线学习系统累积了数百万、数千万乃至数亿用户跨越数十年的数据时，其智能化与精准度将达到前所未有的高度。对于新入学的学生而言，该系统能够迅速捕捉其学习特点，与海量用户数据中的相似群体进行比对，进而精准推荐并定制个性化的学习方案。这种依托大数据的个性化教育服务策略，不仅显著提高了教育的效率与质量，更为每位学生量身打造了最适合其发展的学习环境，助力其茁壮成长。

一旦教育科技实现了"有教无类，因材施教，教学相长，寓教于乐"，每个孩子都能得到平等、高质量的教育机会，无论他们的背景、能力和兴趣如何，都能获得适合自己的教育资源和关注。他们将不再是知识的被动接受者，而是成为主动探索和构建知识的创造者。

以数据为核心的教育科技（EduTech），涉及 ABCDE 五大要素：人工智能（artificial intelligence）、区块链（blockchain）、云计算（cloud computing）、数据技术（data technology）和边缘计算（edge computing）。

这五大要素中，其中 E 作为最直观、最具体的表现形态，无疑是当前的焦点。不论是诸如平板计算机、手机这样的硬件设备，亦或是用于教学和学习的实体工具，无一不归属于 E 的范畴。边缘计算作为五大要素的重要组成部分，已融入人们生活的方方面面，平板计算机便是其在实际应用中的杰出代表。而学习系统，作为软件层面的体现，同样属于 E 的阵营，它可能是一个 app、一个教育软件，或是某个功能性的应用，这些都是最为具象化的体现。值得注意的是，E 不仅是服务的提供者，更是数据的收集者。

数据的重要性不言而喻，D 作为分析、处理、挖掘数据等核心环节的支撑技术，是推动数字化转型的关键力量，没有数据技术的支撑，任何数字化转型都将是空谈。

C 所代表的云计算技术，已经成为当代信息技术和服务交付的主流方式，它象征着云端技术的无限可能。

B 所代表的区块链技术，则代表了教育的深刻变革。无考试教育理念的提出，正是对区块链技术不可篡改和隐私保护特性的充分利用。所有学习过程与数据均能以安全的方式存储于区块链之上，从而为我们提供一套全面、真实且可靠的评价体系。区块链已超越单纯的技术工具范畴，成为构建信任基石、推动教育公平实现的关键机制。

A 所代表的人工智能技术代表着最前沿的技术进展。人工智能的飞速发展，不仅代表着技术层面的巨大飞跃，更预示着一场思维方式的深刻变革。面对这一趋势，我们不仅要勇于迎接挑战，积极学习并掌握人工智能技术的应用，更要力求超越现状，实现对其的深刻理解与驾驭。人工智能作为一种强大的工具，价值在于能够以其为助力，推动社会进步与发展，而非陷入对其的盲目依赖或恐惧之中。我们必须勇于改变传统思维方式，树立坚定的自信心，以开放包容的心态积极拥抱人工智能所带来的历史性变革。

当然，在以科技创新要素赋能教育、引导学生借助新技术开展自主性多元化学习的同时，更要回归教育本质，强化学生的批判性思维和创新能力，不断增强其合作能力和开放包容的品质，从而着力培养更多担当民族复兴大任的时代新人。

（二）教育科技的发展趋势

教育科技的发展始终秉承着实现教育质量提升和落实教育社会责任这两大核心目标。其一是着眼于推动教育发展更为高效，旨在通过科技的力量，优化教育资源配置，创新教学模式，提升教学效率，从而使教育质量得到显著提高。其二是致力于实现教育发展的公平性，通过教育科技的普及和应用，打破传统教育的时空限制，让优质教育资源惠及更多地区和人群，特别是对于偏远地区和弱势群体。教育科技的发展有助于为他们提供更多接受教育的机会，从而促进教育公平的实现。

在实现这两大目标的过程中，教育科技的发展不仅需要关注教育本身的改革与创新，还需要关注教育与社会发展的紧密联系，以实现教育社会责任的落实。一方面，教育科技要助力教育质量的提升，需要关注学生的个性化需求，以科技手段提供更为精准的教育服务；另一方面，教育科技在推动教育公平的过程中，需要关注教育资源的均衡分配，以科技手段缩小城乡、区域之间的教育差距。

教育科技的发展趋势主要体现在以下几个方面。

趋势一：人工智能技术赋能教与学

人工智能作为新一轮科技革命和产业革命的重要驱动力量，正在深刻改变着人们的生活、工作和教育学习方式。将人工智能技术应用在教学环节，从课堂教学到课业辅导、从AI考试到升学规划，都将有效提高教育的质量和效率。随着人工智能技术在教育场景技术成熟度的提升，以及应用场景进一步聚焦于教与学的核心环节，人工智能、物联网（internet of things，IoT）也将进一步为教室、实验室等教学场景提供新的机遇。

趋势二：线上线下融合教学将成主流

在线教育在全球范围内已经得到广泛的普及。为了克服在线教育的局限性，可以采用融合线下教学的方式，以此来实现优势互补。线上教学以其灵活的时间和空间安排，为学生提供了更为便捷的学习途径。同时，通过对学生学习情况的全面跟踪，教师可以更加精准地在线下进行针对性的教学指导。这种OMO（online-merge-offline）的教学模式，将会被越来越多的学校采纳。

OMO模式基于云平台，整合了多种在线教育学习工具，包括互动教育视频会议平台、远程考试及评估系统、在线学习管理系统等。这些工具的引入，使得教师可以通过少量的设备，实现高效的教学。此外，交互式在线视频的应用，更是打破了线上线下的界限，使得学生无论身处何地，都能与教师和同学进行无障碍的讨论和实验等教学活动。

趋势三：智适应教育推进个性化学习

智适应教育是指基于策略类 AI 技术，结合多维、覆盖教学全链条的数据，针对个体学习过程中的差异性，提供适合个体特征的教育形式，从而为学生提供个性化的学习体验，更好地开发学生的天赋和创造力，做到真正意义上的因材施教。未来，随着庞大的知识图谱的积累及 AI 算法的演进，结合学生行为表现、教师优秀教案、学科内容积累等构建师生画像，AI 有望主导相当一部分教学环节。教师将辅助进行监测、激励、培养等"育人"环节，完全智适应教育将成为教学的理想形态。同时，智适应学习技术的不断完善，为中小机构缺乏师资力量等现状提供解决方案，实现个性化、人性化的学习推荐，促进实现教育公平。

趋势四：助力实现教育均衡化发展，助力乡村振兴

乡村振兴是党提出的解决"三农"问题的重大战略部署，是我国全面建设社会主义现代化国家的历史任务。乡村教育是实施乡村振兴的主体，也是我国教育体系中的重要组成部分，抓好乡村教育发展，不仅有利于贯彻教育公平、优化教育资源配置，还能发挥教育对乡村振兴的积极影响。经过政府投入与社会各界帮扶，乡村学校的硬件基础设施已经有了从量到质的飞跃，教学楼、学生餐厅、仪器设备、教学设施都基本配备到位，但仍存在师资力量薄弱、乡土化课程资源匮乏、教学手段落后等软实力的差距问题。致力于提升乡村教育的"软实力"，打通智慧教育的"最后一公里"的教育科技，在这个过程中将大有可为。

趋势五：助力教师信息化能力素养持续提升

教育数字化转型的推进，要求敦促教师数字素养水平的提高，持续增强对教师数据积累意识及数字化操作能力的培养。这有助于推动

教师角色定位的转变，成为学生学习的指导者和支持者。目前，教师的数字素养能力多局限于基础数字技术工具的使用，灵活应用数字化教学能力较低，与借助科技手段促进学生个性化学习、培养学生核心素养的目标相差甚远。因此，能够促进教师接纳和应用的新兴技术工具、拓宽数字化教学渠道、培养教师灵活运用数字手段、促进教师更好地适应教育数字化转型、实现教学个性化和高质量发展的教育科技，将备受瞩目。

趋势六：助力优化综合评价体系，促进学生全面发展

随着大数据、人脸识别、自然语言理解等数智技术的飞速发展，智能设备与智能教育系统已能够全面、深入地分析并预测学生的学习表现与过程。这些技术革新能够及时识别学生的学习难点，以及发现潜在优势，并据此灵活调整课程进度与教学策略。新型智能教育科技的应用，不仅能为各教学环节的效果评估提供科学、合理的标准与反馈，还将极大地激发学生的学习自主性与积极性。同时，在教育科技的支撑下，学生的在线学习表现也将被纳入综合评价体系之中，形成家庭、学校与社会共同参与、多维联动的评价模式。未来，在教育科技的助力下，教育评价体系有望更加注重学生的多维度分析，优化评价的综合性和发展性，从而更全面地反映学生的真实水平与成长轨迹。此外，学生之间的合作表现也将被纳入评价体系，以鼓励团队协作与共同进步。同时，评价过程将更加注重对学生思维过程的考察，以促进其全面发展与核心素养的培育。

四、结束语

教育数字化转型的根本目标，是实现教育的全面升级。而发展教育科技（EduTech），无疑是实现这一目标的最佳路径。只有通过科技的力量，才能实现教育的全面数字化，实现教育的公平、高效、个性化。因此，把握数字化的大趋势，充分利用数据这一新型能源，推动教育的数字化转型，是我们面对的未来，也是我们必须要走的路。

本章习题

一、单选题

1. 教育数字化转型的核心要素不包括（　　）。

   A. 教学内容的数字化　　　　B. 教育资源的共享

   C. 教学方式的传统化　　　　D. 评估方法的多样化

2. 教育信息化的发展在我国经历了（　　）阶段。

   A. 2 个　　　　B. 3 个　　　　C. 4 个　　　　D. 5 个

3. "三通两平台"是在（　　）年提出的。

   A. 2010　　　　B. 2012　　　　C. 2015　　　　D. 2018

4. 数据赋能的核心理念是（　　）。

   A. 数据即能源　　　　　　　B. 数据即成本

   C. 数据即障碍　　　　　　　D. 数据即风险

5. 教育科技的五大要素不包括（　　）。

   A. 人工智能　　　　　　　　B. 区块链

   C. 云计算　　　　　　　　　D. 电子书籍

6. 教育数字化转型的主要特点不包括（　　）。

    A. 数据驱动　　　　　　　　B. 学习体验创新

    C. 知识共享　　　　　　　　D. 限制教育生态系统建设

7. 教育数字化转型对教育评价的改变包括（　　）。

    A. 从选拔走向促进学生个性化成长

    B. 实现因材施教

    C. 维持传统的以考试成绩为主的评价方式

    D. 建立基于多模态数据的测量模型

8. 《教育信息化 2.0 行动计划》的发展目标不包括（　　）。

    A. 教育应用覆盖全体教师

    B. 学习应用覆盖全体适龄学生

    C. 数字校园建设覆盖全体学校

    D. 减少教育信息化基础设施建设

二、填空题

1. 教育数字化转型是指运用现代信息技术手段，对教育过程、教育资源、教育管理等方面进行全面改革和创新，以提高＿＿＿＿、促进＿＿＿＿、培养＿＿＿＿的过程。

2. 我国教育信息化的发展经历了＿＿＿＿阶段、教育信息化 1.0 阶段、教育信息化 2.0 阶段。

3. "三通两平台"中"三通"指的是＿＿＿＿、＿＿＿＿、＿＿＿＿。

4. 教育数字化转型的内涵首先体现在＿＿＿＿的更新。

5. 数字化转型在教育方法上推动了＿＿＿＿的创新。

6. 教育数字化转型包括数字化学习、数字化教学、＿＿＿＿、＿＿＿＿和教育评价的数字化转型。

7．在教育政策评估和监督领域，数据的深入剖析有助于教学评估政策的＿＿＿＿＿＿和＿＿＿＿＿＿。

8．教育科技要素的 ABCDE 要素包括人工智能、区块链、云计算、＿＿＿＿＿＿和＿＿＿＿＿＿。

9．教育科技的一个发展趋势是线上线下融合教学将成为主流，这种模式被称为＿＿＿＿＿＿。

10．＿＿＿＿＿＿是支撑实施个性化学习的关键要素。

三、简答题

1．描述教育数字化转型的含义及其重要性。

2．简述教育信息化的起源和发展历程。

3．教育数字化转型在教育理念上有哪些更新？

4．教育管理在数字化转型中如何实现现代化？

5．解释数据赋能在教育数字化转型中的概念。

6．教育科技的发展趋势有哪些？

7．简述 OMO 模式在教育科技中的优势。

8．教育科技如何助力实现教育均衡化发展？

9．简述人工智能技术在教育科技中的应用。

10．教育科技如何助力优化综合评价体系，促进学生的全面发展？

第八章
参考文献

第八章
选择题和填空题
答案

第九章　城市数字化转型

导读

2024年5月20日，国家发展和改革委员会、国家数据局、财政部、自然资源部四部委联合印发《关于深化智慧城市发展 推进城市全域数字化转型的指导意见》（以下简称《指导意见》），标志着我国城市数字化转型提质增速。

本章从城市治理挑战与城市数字化、数据要素赋能城市治理、我国城市数字化转型的创新实践三方面介绍城市数字化转型助力数字经济发展。

文件9-1：
《关于深化智慧城市发展 推进城市全域数字化转型的指导意见》

一、治理挑战与城市数字化

（一）城市治理面临的挑战

《指导意见》围绕全领域推进城市数字化转型、全方位增强城市数字化转型支撑、全过程优化城市数字化转型生态以及保障措施四个方面着力推进城市的数字化转型。

面对蜂拥而至的数字技术创新，城市管理者都面临一系列问题：当大数据应用于大城市时，其架构逻辑与应用场景将发生哪些变化？

当人工智能突破式发展时,大数据与人工智能之间会产生怎样的互动变化?当大城市与人工智能相遇时,又会发生哪些转变?这不仅是理论上的探讨,更是转型实践中的迫切需求,城市的数字化转型已势在必行,而大数据与人工智能正是转型的核心驱动力。

(二)时空视角下的城市脉络

城市,作为一个在时间与空间中不断演进的有机体,每时每刻都在产生时空数据。这些数据如同城市的血液,流淌在街道、公共设施以及居民活动的每一个角落,编织成一张紧密相连的复杂信息网络。以建筑物为例,它不仅具有能够明确标识其地理位置的经纬度坐标等空间属性,还通过记录每一时刻的变化承载了时间轴上的历史变迁。时空属性共同构成了建筑物的数字画像,包含了建筑物内的公司数量与经营状况、公司职员通过电商平台产生的出行与外卖订单、物业管理的停车位使用情况等多种类型的数据。通过深入分析城市各处产生的时空数据,可以洞察城市的运行状况,把握城市居民的需求,下面将以城市中的三类核心数据为例进行详细阐释。

微视频9-1:
时空视角下的
城市脉络

1. 城市运行的基础数据

该类数据记录了发生在城市空间的各类社会经济活动,包括社会调查与统计数据等。例如,人口普查数据包含了城市人口数量、年龄结构等信息,可用于揭示城市人口的分布情况;地理空间数据包括建筑布局、土地利用等信息,通过对地理空间数据进行分析可以了解城市的空间格局;公共设施数据记录了公园、图书馆等公共场所的使用情况,可揭示市民对公共设施的需求和使用习惯;公共安全数据记载了城市犯罪、交通事故等事件,可用于了解犯罪、事故的分布特点;

公共医疗数据记录了疾病分布、医疗资源利用等信息，可用于评估城市的医疗服务水平，并为制定公共卫生政策、优化医疗资源配置提供参考。

2. 动态变化的时空数据

该类数据是随时变化着的数据，反映了城市的实时运行状态，比如交通、环境数据等。其中，交通数据涵盖了交通流量和视频数据等关键信息。流量数据记录了城市各条道路的车辆通行状况，包括通行车辆数、行驶方向等指标；而视频数据则通过摄像头等设备捕捉，展示了司机的实时驾驶行为。通过分析这些数据，交管部门不但可以洞察城市交通拥堵状况及道路流量变化趋势，为信号灯配时等交通控制提供支持，而且还能迅速识别并预警违规驾驶等行为。环境数据则包括空气质量、水质、噪声等与城市环境质量相关的数据。通过即时观测环境数据，可以了解城市环境质量，并能实时监测污染事件与制定环境治理策略。

3. 互联网中的用户行为数据

该类数据包括用户在使用互联网平台、应用或服务时产生的各种交互行为和活动记录，如搜索引擎的搜索历史、社交网络的签到信息、出行（外卖）平台的订单记录等。通过分析搜索引擎记录，可了解用户的购物习惯、兴趣偏好，实现精准营销；通过分析用户在线行为、社会关系及个人兴趣的社交网络数据，可以捕捉用户的热点话题与情感倾向，了解用户的社会网络结构；通过深入分析互联网出行（外卖）平台数据，可以预估行程（外卖）订单的完成时间，将订单指派给合适的车辆（骑手），进一步提升订单服务效率。

总之，城市各处不断产生的数据，在时间、空间上均展现出高度的动态性与关联性，可用于揭示城市生命体的复杂性和多样性，而对时空数据进行收集、管理与利用的过程，就是城市数字化的过程。

（三）城市数字化的过程

时空是城市的基本属性，无论生命体还是非生命体，在物理世界里都以唯一的坐标存在于三维空间中。因此，在规划数字化城市的过程中，首先需要统一城市的底图和坐标系，将人、企业、建筑物、车辆以及发生的各类事件都标注在地图上的特定位置。

其次，当一个城市拥有了统一的空间坐标，在空间上叠加信息时需要对其进行编码。比如，每个人都拥有身份证号码，每个井盖、每个路灯以及每辆电动车都具有唯一的标识。然而，不同类型对象的标识之间却不能相互识别。例如，我国居民凭借身份证号码可在国内不同城市间通行，但不能持身份证跨国旅行。数字世界打通数据的前提就是统一编码体系，目前国内许多城市已建立了不同的编码系统，需要让这些编码系统相互认可、实现互通，避免烟囱林立。由此，从城市数据流通和数字化的角度来看，统一编码体系是在统一空间基础上需要完成的第二项任务。

再其次，需要构建感知系统。城市所有路口已配备了大量摄像头，可以记录车辆、行人的各类交通违章（违规）行为，能支持大规模、群体性、流动性的目标对象的识别。此外，城市的各个角落还安装了不同用途的传感器，例如，雨量传感器可监测特定区域的下雨情况，道路感应线圈可用于评估车辆的通行流量。各类传感器组成了城市的感知系统，这样的感知系统需具备海量存储与快速计算的能力。

在全面感知城市运行状态、广泛采集城市数据的基础上，可构建一个关于人、企业、建筑物、车辆以及它们之间不同关系的基础数据图谱，并逐步完善形成城市的数据系统。通过构建图谱将不同类型的实体关联起来，可根据不同应用场景选择恰当的数据视角，利用图谱进行各类规划与决策。例如，可通过人、车辆和建筑物的数据图谱追踪城市中不同片区的人群活动规律，识别城市的热点、冷门区域，进而划分不同功能区域等。

（四）城市数字化的历程

城市数字化的第一个阶段始于 20 世纪，不论企业还是个人，在接入互联网时都需要有一个管理信息系统（management information system，MIS）。例如，个人通信需要一台个人计算机并安装通信软件，企业则需要人事管理系统和招聘系统。这些 MIS 采用单机版或联网版运行，但 MIS 间不能通信。

城市数字化从 2010 年开始进入第二个阶段，在十多年的发展过程中，云计算概念逐渐兴起。其核心思想是将分散的物理服务器集中，通过建立大型的信息传播中心（information dissemination center，IDC）和机房实现资源集约化利用。尽管云计算能够提供统一的存储和计算能力，但其特点是聚集却不互通、共享无序。

第三个阶段是数据加强阶段，强调数据的收集、融合和利用。首先，通过建设数据中心、云计算平台、大数据处理系统等数据基础设施，提供可靠的数据存储和处理环境。随后，通过融合不同来源的数据形成完整、准确的城市数据视图，并通过建立数据共享机制提高数据的使用效率。在此基础上，通过对数据进行实时分析来监督城市的运行状态，为城市管理提供科学依据，实现数据驱动的城市治理决策。

随着以 ChatGPT 为代表的大模型技术的出现，城市数字化转入第四个阶段，即智能化阶段，在新的阶段中，通过广泛运用大模型技术分析各类数据，实现更深层次的城市智能化和精细化管理。

城市数字化的背后是数据的流通，而数据一旦流通起来就成为生产要素，因此，城市数字化过程实质上是城市数据要素化的过程。

二、数据要素赋能城市治理

（一）城市数据要素化

在城市治理的语境下，数据要素涵盖了人口、交通、环境、经济、公共服务等多个维度的信息，是城市运行状态的真实反映与决策支持的基础。数据资源化是城市数据要素化的第一步，涉及数据采集、数据清洗与数据存储等。其中，数据采集是数据资源化的前提，通过互联网、传感器网络、社交媒体、移动设备等途径大规模收集城市运行状态的数据；数据清洗是数据资源化的质量保证。不同来源采集的数据尺度不一、结构不同，可采用机器学习、统计分析等技术识别异常值、补充缺失数据，确保数据的完整性与准确性。数据存储是数据资源化的重要环节，可利用云计算、区块链、分布式数据库等技术在加快数据访问与计算处理速度的同时，有效防止敏感数据泄露，避免未经授权访问的风险。

数据资产化是将数据资源转化为具有经济价值的资产，需要构建完善的数据治理体系。首先，通过将数据打包成数据产品，方便数据在各领域顺利流通；其次，为促进数据要素的高效利用与流通，需要建立安全、合规的数据交易市场。通过市场机制配置数据资源，将数据分配给需求方。此外，可利用联邦学习、隐私计算、区块链等加密技术，将来自不同企业、地方、政府的数据在不暴露数据所有者隐私的情况下实现数据交易与知识共享。

城市数据要素化是一项系统工程，需要构建一套涵盖数据采集、存储、分析、交易、应用等全链条的数据治理体系。而仅当数据被视为一种生产要素，并通过合理的机制被激活和利用时，城市才能充分发挥数据的核心驱动力，实现智能化管理和可持续发展。

（二）数据驱动的城市治理路径

数据驱动的城市治理是一种系统性、全程化的城市管理模式，包括数据的收集、处理、分析、应用直至反馈的整个闭环，其目标是将数据转化为城市治理的决策依据和行动指南。

数据收集：数据收集是数据驱动城市治理的第一步，旨在将政府机构的公开数据，通过物联网设备、社交媒体、移动通信、卫星遥感等途径自动（或手动）采集的数据，经过初步清洗与预处理筛除无效或错误信息后，整合到统一的数据平台上。

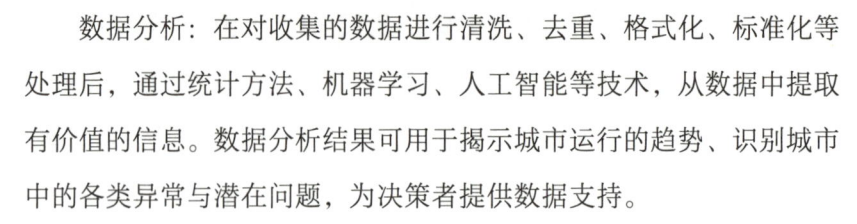

数据分析：在对收集的数据进行清洗、去重、格式化、标准化等处理后，通过统计方法、机器学习、人工智能等技术，从数据中提取有价值的信息。数据分析结果可用于揭示城市运行的趋势、识别城市中的各类异常与潜在问题，为决策者提供数据支持。

数据驱动决策：无论是优化交通流、改善公共服务、提升城市安全、促进环境保护还是推动经济发展，数据都可以作为强有力的决策

微视频 9-2：数字治理模式

支持。管理者可凭借数据分析结果制定更为精准的决策，而决策后的行动需要跨部门合作，确保决策方案能够有效地实施和执行。

数据可视化：为了使数据分析结果易于理解与传播，数据可视化工具被广泛采用。通过图表、地图、仪表盘等形式呈现数据，决策者、城市管理者以及普通市民可以更加直观地理解数据的意义，有利于促进信息的理解。

反馈与迭代：数据驱动的城市治理是一个动态过程，需要持续地监控和评估。通过设立反馈机制，可以收集关于治理效果的数据，继而评估治理措施是否达到预期目标。同时，可以根据反馈结果调整策略、优化流程，甚至重新收集、分析数据，形成一个持续改进的良性循环。

法律法规与伦理考量：在整个数据驱动的城市治理过程中，必须遵守相关的法律法规，确保数据的收集、处理和使用符合隐私保护、数据安全和伦理标准。此外，城市管理者还需确保数据使用不会造成不公平，从而实现所有市民的权益保护。

数据驱动的城市治理是一个复杂而全面的过程，通过数据要素的有效利用，实现城市治理的智慧化转型。以杭州"城市大脑"为例，通过利用大数据、云计算以及人工智能等技术，融合分析来自政府、企业以及社会各界的海量数据资源，实现了城市运行的生命体征感知、公共资源配置、宏观决策指挥、事件预测预警及城市病治理等功能。

（三）未来的数字城市治理趋势

在数字化转型的浪潮下，城市正经历着前所未有的变革。数据作为城市治理的核心资源，将持续推动城市治理决策的自我革新。通过利用人工智能等新一代信息技术对不同行业领域实时产生的海量、多源、异构的数据进行融合分析，能有效提升城市治理决策的精准度。与此同时，通过采用区块链、联邦学习等技术有效保护敏感数据，可进一步保障数据的可用性与安全性。大模型、无人机、具身智能等前沿技术的突破，将持续推动城市管理与服务的深度智能化。其中，大模型因具备快速识别、逻辑推演及精准预测的能力，将逐步融入城市基层治理、公共安全、交通管理等领域；以北斗为核心布局的低空无人机网络，可将城市治理形态拓展至三维立体层面，提升真实物理空间的管理效率；具身智能技术将建立起人与城市的实时交互，通过实时反馈机制来指导未来的城市规划。

微视频 9-3：区块链对数字城市的时空约束

　　未来，交通领域在广泛采集时空大数据的基础上，可采用元宇宙等技术实时推演城市交通网络的运行趋势，赋能交通指挥、风险预警等应用；电网、照明与节能建筑等应用可通过优化电力分配、接入可再生能源与低碳材料等措施，有效减少温室气体排放；社区可采用数字孪生技术突破物理空间束缚，通过对社区大数据的在线分析，快速定位社区场景下的供需矛盾，提升公共服务的透明度与响应速度；医疗领域可以研发医疗大模型，实现 AI 筛查、辅助诊断和临床决策支持，有效提升就诊效率；生态环境领域将借助空天地一体化的传感器融合分析空气质量、水质、噪声等数据，实时监测违法建筑和河道污染情况，助力城市的绿色生态健康运行；灾后救援等领域可以利用无人机、机器人、AI 等技术，快速评估洪水、地震或火灾等灾害的影响范围和严重程度，帮助救援人员迅速确定救援优先级、规划耗时最短的救援路线。

　　综上所述，未来的数字城市治理将以数据为核心驱动力，通过构建城市智能体来主动感知、发现并思考城市问题，进而辅助城市管理者进行决策，形成智慧治理的闭环。伴随着大数据、人工智能、区块链、元宇宙等技术的飞速发展，未来的数字城市治理将以智慧、绿色、人性化为核心理念，打造一个高度互联、可持续、包容性强的新型城市生态。

三、我国城市数字化转型的创新实践

（一）智慧政务

1. 城市治理多部门协同

随着上海城市发展规模的不断扩大，传统的管理方式已无法满足日益增长的城市管理需求，为了提升政府治理体系与治理能力的现代化水平，上海于2019年开始启动"一网统管"建设。上海"一网统管"平台通过构建"三级平台、五级应用"的架构体系，形成了横向跨部门协同、纵向跨层级联动的现代化城市治理模式。

以"垃圾分类"为例，"一网统管"平台利用高清摄像头实时记录居民投放垃圾的时间、地点等信息，并采用图像识别技术辨析垃圾类型，当发现垃圾箱投放错误时，通过语音提示引导居民进行正确分类。对于采集的垃圾投放数据，平台利用空间聚类算法识别垃圾分类准确率低的区域，以及违规投放行为多发时段，并将结果实时推送给各个部门。此外，平台将结果进行可视化展示，使得管理者能迅速聚焦问题多发区域，从而制定针对性的管理措施，包括调整小区定投的时段，优化清运路线等。

随着技术的进步和应用经验的积累，上海的"一网统管"平台将持续优化升级,通过探索更多的应用场景和服务模式来提升城市管理和服务的效率。

2. 政务文件关键信息自动提取

在传统政务服务模式下,因不同部门的信息系统各自为政,导致市民在办理事项时,需重复提交材料,并频繁往返于不同部门。党的十八大以来,我国政府大力推进政务服务领域的深化改革,一体化在线政务服务平台——"一网通办"平台应运而生,通过简化政务审批流程、优化服务流程来提高政务服务的效率。

以"学校用车流程"为例,首先,平台通过集成电子营业执照验证服务,自动与官方数据库进行比对,并利用图像识别算法验证申请人的身份是否合法。随后,平台根据历史记录预填表单中部分字段,通过利用正则表达式等技术自动检查数据格式的正确性。在审核时,平台利用自然语言处理等技术自动提取关键信息,并与数据库中的相似案例进行核对,以验证信息的真实性。最后,依托云计算技术的支撑,"一网通办"平台允许学校通过手机等终端设备随时查询审核状态。

目前,"一网通办"平台已在上海、东莞、武汉、杭州、合肥、苏州、郑州等多个城市得到了推广与应用,正逐步成为全国范围内的政务服务新模式。未来,"一网通办"平台将持续优化,通过跨部门协同提供一站式、智能化的服务,满足市民不断变化的需求。

(二)智慧交通

1. 交通信号灯倒计时预测

红绿灯扮演着调控道路流量,确保行人、车辆安全有序通行的重要角色，它们依据预设的时间序列不断变换颜色，引导交通流。为了减少车辆在路口的等待时间，高德地图在 2022 年上线了红绿灯倒计时预测功能。如图 9-1（a）所示，通过为司机提供更为精准的红绿灯变化信息协助其进行驾驶行为决策，提高道路通行效率。其核心思想是基于交叉路口采集等候车辆的轨迹数据，利用机器学习等技术提取车辆在红绿灯处的行驶模式，继而推断红绿灯颜色变换周期以及车辆等待时间。

（a）红绿灯倒计时示例　　　（b）车辆数和偏移时长的分布

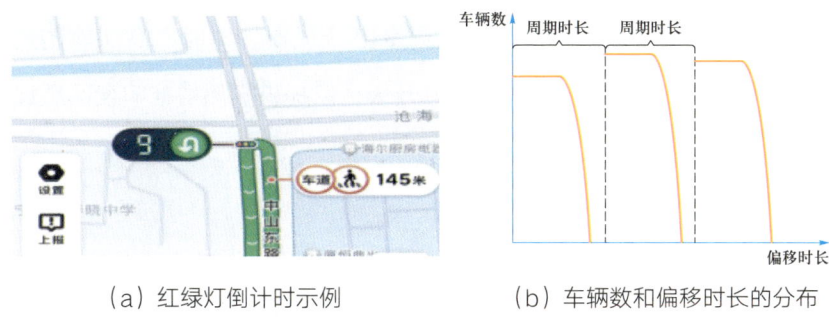

图 9-1　红绿灯倒计时及车辆数和偏移时长的分布

具体分析如下，首先收集各时间段内路口等待红绿灯的车辆轨迹数据（数据样例如表 9-1 所示），通过对数据进行分析感知路口处车辆的速度变化，识别各时段内第一辆状态由等待转变为启动的车辆，称为起始车辆。随后，计算其他车辆启动时间相对于起始车辆启动时间的偏移量，并根据所有车辆的偏移时长统计偏移时长与车辆数之间的分布关系，如图 9-1（b）所示。在此基础上，采用离散傅里叶变换等周期性挖掘算法识别当前红绿灯的周期时长，进而推断红绿灯的倒计时。

表 9-1　车辆轨迹数据样例

轨迹 ID	时间戳	经度 /(°)	纬度 /(°)	速度 /(km/h)
1	15:00:00	114.088 8	22.630 1	35
1	15:00:03	114.087 9	22.630 2	20
...	...	...	...	...
2	15:01:03	114.087 5	22.633 3	19

截至 2024 年 8 月，高德地图的红绿灯倒计时功能已经覆盖了全国超过 8 万个红绿灯路口，遍及近 240 个城市。同时，高德地图还针对夜间交通模式进行了预测能力升级，以提供更加精准的夜间红绿灯倒计时服务。

2. 潮汐车道自适应调配

鉴于城市道路不同时段内的交通流量呈现高峰和低谷的情况，采用移动机器人护栏等技术实现潮汐车道的自适应调配，以疏解道路的交通拥堵情况，如图 9-2 所示。

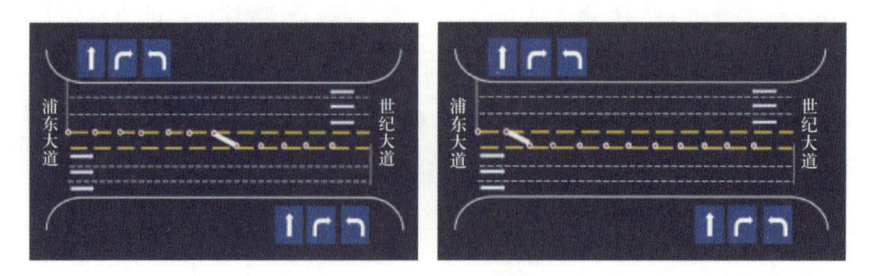

图 9-2　潮汐车道示例

当车辆进入某段车道时，首先，车道旁隐藏的道路单元会自动识别车辆，并统计途径该路段的车辆的交通流量和车流速度。通过对比不同时刻的车流速度、交通流量与正常通行（非高峰时段）的平均车速和平均流量的差距，提取道路的高峰通行时段与车道承载能力。此外，鉴于车道交通流量变化与其历史流量以及近邻车道流量之间的相关性，可利用深度学习技术预测未来时刻的道路交通流量，继而评估未来交通流量超过车道运载能力的时段，提前调整潮汐车道机器人，为高流量的流向分配更多车道。

目前，潮汐车道已在国内多个城市实施应用，效果显著。以深圳市龙岗区布吉地区为例，通过数据分析将该地区工作日的高峰时段设置为 7:00—9:00 与 17:30—19:30 两个时段，该项策略自实施以来，大幅缩减了高峰时段的车辆排队时间，有效提升了车道的通行能力。

3. 交通违规行为自动识别

近年来，国内大多数城市广泛部署基于 AI 视觉技术的交通治理系统，以应对日益显著的交通安全问题。以杭州市为例，"杭州城市大脑"的"天曜"系统利用 AI 视觉技术识别城市道路中的违章行为与交通事故，并及时通报交管部门，显著降低了出警时间和交通事故数，交通违规识别流程如图 9-3 所示。

该系统首先利用车辆轨迹、路口监控视频以及交管数据构建可供 AI 模型训练的数据集。随后，通过对这些数据进行分析，利用车牌识别技术将交通视频中的车辆与车主进行匹配，同时，根据不同违规行为场景，训练并部署 AI 模型至监控摄像设备中。该类模型不仅能判别车辆轨迹是否驶出当前路网开放区域，还能及时发现车辆的超速驾驶、违反交通灯等交通违规行为，并将信息实时通报给交管部门。

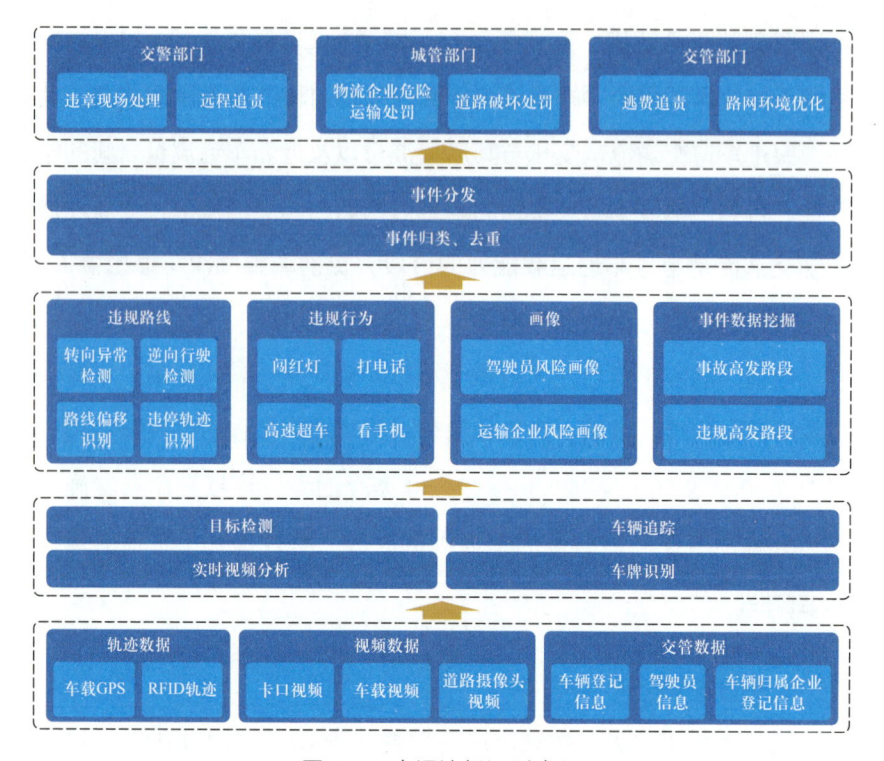

```
┌─────────────────┐  ┌──────────────────────┐  ┌─────────────────┐
│    交警部门      │  │      城管部门         │  │    交管部门      │
│ 违章现场处理│远程追责│  │物流企业危险│道路破坏处罚│  │ 逃费追责 │路网环境优化│
│            运输处罚  │  │                      │  │                  │
└─────────────────┘  └──────────────────────┘  └─────────────────┘
```

图 9-3　交通违规识别流程

该系统自上线以来，通过利用配有 AI 视觉算法的巡逻机器识别违规违章行为，将被动出警转变为主动出击，大幅减少了警力投入，有效提升了道路交通的安全性。

（三）智慧出行

1. 公交到站时间预测

为改善乘客的候车体验，公交公司为乘客提供了公交车到站时间预测服务。具体而言，先采集公交车轨迹数据（样例如表 9-2 所示）、公交车辆及运营班次数据、天气数据。其中，车辆及运营班次数据主要包括线路站点信息、首末班车时间；天气数据主要包括每日天气状况。随后，通过数据分析提取发车时间、站点间距等静态特征，以及公交车行驶速度、站间行驶时长和各站点停留时长等动态特征。考虑到公交车站间行驶时长易受交通状况变化的影响、站点停留时长易受乘客上下车行为的影响，分别利用时间序列预测模型预测两个阶段的时长，最后汇总两阶段时长预测结果获得公交到站时间，详细过程如图 9-4 所示。

表 9-2　公交车轨迹数据样例

公交车 ID	线路 ID	记录时间	经度 /（°）	纬度 /（°）	方向 /（°）	瞬时速度 /（m/s）
3543	9	8:03:15	121.553	30.861	10	0
1966	61	10:04:30	122.017	31.102	180	13.33
5543	725	17:10:00	121.911	30.88	90	9.57

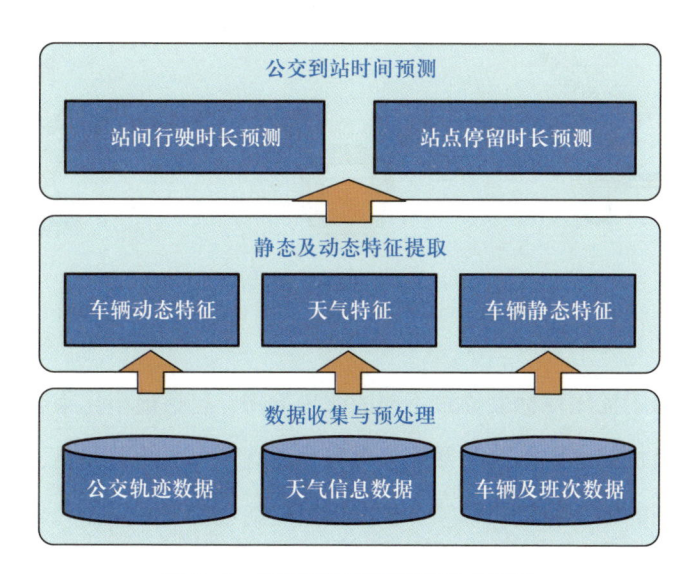

图 9-4　公交到站时间预测技术框架

目前，公交到站时间预测服务已在北京、上海、深圳等城市上线。通过准确预测到站时间，有效提高了公交服务的准时率，减少了乘客候车时间的不确定性，为公交运营商优化路线和班次调度提供了数据支持。

2. 最短接驾时间的网约车派单

网约车是一种通过移动互联网技术实现的新型出行服务模式，乘客可以通过智能手机 app 预约车辆，由专职司机提供点到点的接送服务，如图 9-5 所示。派单算法作为网约车服务平台的核心技术之一，通过平台收集运营车辆与乘客出行的供需信息，根据设定的优化目标将订单高效分配给合适的车辆，以提高平台的整体效率和用户体验。

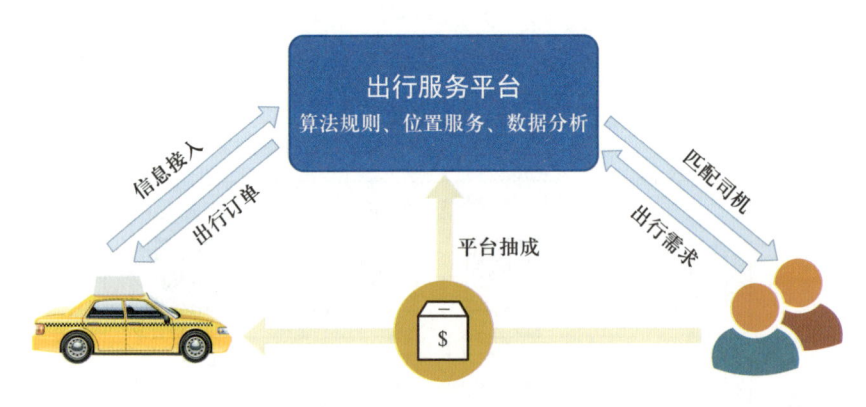

图 9-5 网约车平台运营模式

不同的优化目标会导致不同的派单策略，包括最小化乘客的等待时间和司机的空驶距离、最大化乘客满意度和司机服务质量、最大化订单匹配的效率和成功率等。下面以最短乘客接驾时间作为优化目标为例进行阐释，基于该目标的派单策略具体如下：利用乘客的历史订单数据、车辆信息等，以全局接驾时间最短为目标，结合司机的接驾距离上限、乘客候车时间上限等约束条件，训练生成派单模型。在模型训练的过程中，注重学习不同时空状态下不同派单方式的预计全局接驾时间。在线派单阶段，每隔一定时间（如 5s）统计当前可用车辆与待派订单集合，使用派单模型决策产生满足最优目标的乘客—司机匹配结果。

网约车出行已覆盖全国所有大中城市，成为市民中长距离出行的首选方式。未来，通过布局新能源汽车换电、投放无人驾驶出租车、探索行业大模型应用等方式，网约车的运营效率与服务质量将得到进一步提升。

3. 无人驾驶网约车自适应驾驶决策

无人驾驶网约车是一种融合自动驾驶技术的公共交通服务，通过车辆自主导航并遵守交规将乘客安全送达目的地。以萝卜快跑为例，它依赖百度 Apollo 自动驾驶平台提供的自适应驾驶决策功能，即使面对动态变化的复杂道路状况也能保证车辆稳定、安全地驾驶。驾驶行为决策流程如图 9-6 所示。

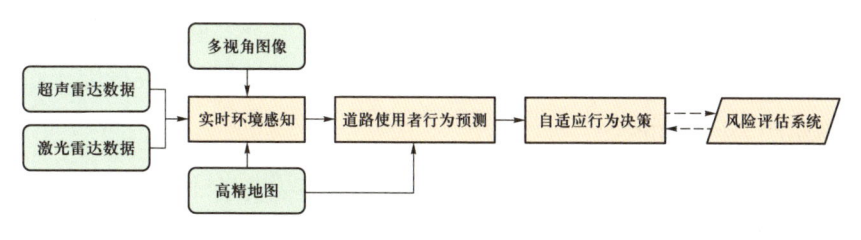

图 9-6 驾驶行为决策流程

首先，基于摄像头、超声雷达、激光雷达、高精地图等不同来源的数据，利用计算机视觉技术构建车辆周围环境的三维模型，增强当前车辆对道路布局、交通标志的感知，并结合交通规则知识库深入理解驾驶环境。随后，基于环境感知信息，利用轨迹预测算法预测车辆、行人等其他道路使用者的移动意图及其未来将产生的移动轨迹，进而预判他们未来可能产生的变道、转向、变速等移动行为。最后，综合环境感知与行为预测结果，利用路径规划算法生成当前时刻最安全、高效的行驶路径。在路径规划过程中，采用紧急避障策略、碰撞预警系统模拟不同驾驶决策的可能后果，并评估每种决策的风险等级，从中选择最小风险的方案进行实施。

自 2024 年 7 月 3 日上线以来，萝卜快跑已在北京、上海、广州等 10 余个城市面向公众常态化试运营，未来可通过优化路线与减少人为错误进一步提升交通效率和安全性。

（四）智慧物流

1. 外卖骑手多点配送路径规划

在外卖场景里，当顾客通过外卖平台提交订单后，订单信息会即时推送给商家，在商家确认接单后进入配送履约环节。由平台的调度系统对订单进行骑手指派与配送路径规划，外卖骑手根据订单指派完成商家取餐与送餐任务，路径规划的结果决定了外卖骑手完成配送服务路线的长度和时间。

为满足外卖配送的高并发、低延时需求，需要设计恰当的配送路径规划算法搜索出一条或多条最优路径，使得骑手从一个或多个配送中心出发，完成一系列配送任务点并返回原点。如图 9-7 所示，每个骑手被分配到多项配送任务，这些配送任务均带有各种约束，多点配送路径规划的任务是选择最优的配送顺序去完成所有任务。鉴于路径规划是计算复杂度很高的运算，当多个骑手都同时接到 10 个以上的订单时，计算量呈指数级增长。此外，配送路径规划结果为外卖订单的在线指派提供重要支持，为了满足大量订单与骑手的实时匹配需求，需要在毫秒级时间内生成路径规划结果，这进一步加大了配送路径规划问题的求解难度。

图 9-7 多点配送路径规划示例

在求解该类问题时，基于历史订单、骑手、骑行轨迹、路网等数据，常以最小化订单超时时间与配送路径长度为优化目标，结合取餐优先与骑手最大同时接单量限制等约束，将多点配送路径规划问题先简化建模为仅有一个骑手的单车辆 PDPTW 问题（single vehicle pickup and delivery problem with time-windows），再通过贪婪初始化获得可行解的基础上，利用分层聚类方法等技术根据顾客和商户的地理位置信息对配送节点调整进行加速。

随着大数据与人工智能技术的飞速发展，未来的外卖配送调度系统可根据实时的道路交通状况、外卖订单密度、天气情况等因素自动优化配送路径。无人机、无人车等也将成为短途配送的重要组成部分，配送路径规划问题将面临来自算法选择、障碍物规避、交通规则以及多目标优化等不同层面的技术挑战。

2. 外卖订单送达时间预测

为了减少由于送餐时长不确定造成的顾客退单、投诉等行为，外卖订单配送系统为顾客提供了一项重要服务——送达时间预测，需要对骑手取餐时间、配送途中的骑行时间以及顾客处交付时间等项分别进行预估再分段累加得到，如图 9-8 所示。

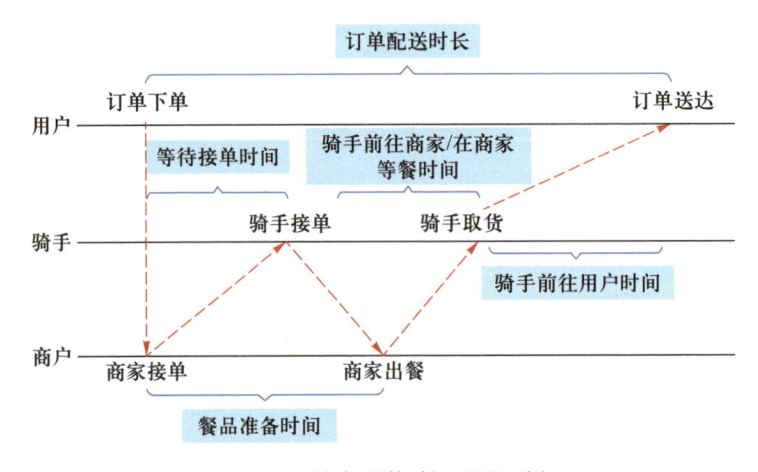

图 9-8 外卖配送时间预测示例

为了精准预测送达时间，需综合骑手配送产生的骑行轨迹、道路拥堵情况（交通管制）、天气、商家、顾客、菜品等不同来源的数据，从中提取全配送过程的重要特征，并利用深度学习等技术对数据进行训练生成预测模型。具体而言，需要根据商家的产能、菜品特点、当前客流量等信息预测商家的出餐时间；再利用骑手的骑行轨迹、道路拥堵情况或交通管制信息、天气情况等预估配送途中耗费的骑行时长；随后，通过使用商家与顾客的信息（包括商家/顾客的楼层、位置与电梯情况）预估骑手上下楼时间。

在实际应用中，为了应对由于天气、交通拥堵等因素导致的配送延迟，外卖平台通过算法计算得到的订单送达时间大多为一个时间区间，根据城市特性、配送过程分段累加以及配送距离等 3 个维度计算得到，并从中选择最长的时间作为预测结果。在出现延误或者提前的情况时，平台会及时更新预计送达时间来提升顾客体验。

四、结束语

本章针对当前城市治理过程中面临的问题，围绕城市数字化转型、数据要素流通以及城市治理体系等探讨了数据驱动的城市治理路径与未来发展趋势。数据驱动的城市数字化转型是一项长期而复杂的系统工程，需要政府、企业和市民等多方主体的共同努力。通过持续优化数据采集、分析与应用技术，充分运用新一代信息技术融合分析不同来源的多模态数据，可以有效应对社会、经济和环境面临的各类挑战。在城市交通出行、公共安全、应急管理、生态环境等重点领域，通过数据驱动的态势感知、趋势研判与资源优化配置，城市治理体系正逐步由被动响应型转变为主动预见型。未来，随着物联网、大数据、云计算、移动互联网、人工智能等技术的不断突破与创新，智慧城市建设将进入新的发展阶段，城市管理和资源配置将得到进一步优化，城市治理的效率及服务响应速度将大幅提升，城市治理决策的科学性和精确性将显著提高。

本章习题

一、单选题

1. 从数据视角来看，以下不是城市治理面临的挑战的是（　　）。

    A. 数据质量高

    B. 数据规模巨大

    C. 数据基础设施建设有待加强

    D. 数据驱动决策精度有待提升

2. 数据驱动的城市治理不包括的步骤是（　　）。

    A. 数据收集与整合

    B. 数据处理与分析

    C. 数据驱动决策与行动

    D. 数据随意使用与传播

3. 城市运行的基础数据不包括的是（　　）。

    A. 人口普查数据

    B. 公共安全数据

    C. 公共医疗数据

    D. 外卖订单数据

二、填空题

1. _____逐渐成为未来城市治理的核心资源。

2. 外卖配送的路径规划问题常以_____与_____为优化目标。

3. 以交通、环境数据为代表的随着时间发生变化的数据，反映了城市的_____。

三、简答题

1. "一网通办"平台是如何实现"数据多跑路，群众少跑腿"的目标的？请结合具体技术手段进行说明。

2. 请简述潮汐车道自适应调配的实现步骤，并对每个步骤给出简要描述。

3. 请简述数据驱动的城市治理中"反馈与迭代"步骤的重要性，并举例说明。

第九章
参考文献

第九章
选择题和填空题
答案

第十章 "东数西算"工程

🍀 导读

2023年12月29日，国家发展和改革委员会、国家数据局、中央网络安全和信息化委员会办公室、工业和信息化部、国家能源局联合印发了《关于深入实施"东数西算"工程并加快构建全国一体化算力网的实施意见》（后文简称《"东数西算"实施意见》）。"东数西算"工程以算力高质量发展赋能经济高质量发展为主线，充分发挥国家枢纽节点引领带动作用，形成跨地域、跨部门发展合力，助力网络强国、数字中国建设，打造中国式现代化的数字基座。

"东数西算"工程对贵州数字经济发展创新区建设具有重要意义。本章介绍什么是"东数西算"工程，"东数西算"工程的比拟性解读和逻辑性解读，以及"东数西算"工程给贵州带来的机遇等。

文件10-1：《关于深入实施"东数西算"工程并加快构建全国一体化算力网的实施意见》

一、"东数西算"工程

思 考

"东数"为什么要"西算"?

(一)缘起与影响力

早在 2014 年,习近平总书记主持召开中央网络安全和信息化领导小组第一次会议时指出:"网络信息是跨国界流动的,信息流引领技术流、资金流、人才流,信息资源日益成为重要生产要素和社会财富,信息掌握的多寡成为国家软实力和竞争力的重要标志。"2017 年,习近平总书记再次强调:"在互联网经济时代,数据是新的生产要素,是基础性资源和战略性资源,也是重要生产力,因此要构建以数据为关键要素的数字经济"。由此可见,数据已和其他要素一起融入经济价值创造过程之中,对生产力发展具有深远的影响。2020 年 4 月 9 日,中共中央、国务院《关于构建更加完善的要素市场化配置体制机制的意见》正式公布,将数据作为新一代生产要素,上升到国家战略资源层面加以规划利用。

文件 10-2:《中共中央、国务院关于构建更加完善的要素市场化配置体制机制的意见》

全球的数字化转型已经进入飞速发展阶段,数字经济已成为全球未来的发展方向,各个国家的数字经济占比持续提升。2022 年,国务院发布的《"十四五"数字经济发展规划》提出明确目标:到 2025 年,我国数字经济核心产业增加值占国内生产总值比重达到 10%。2024 年 5 月 24 日开幕的第七届数字中国建设峰会上传来好消息:

文件 10-3:《"十四五"数字经济发展规划》

2023年，我国数字经济核心产业增加值占国内生产总值比重已达到10%。通过技术革新、产业赋能的持续突破，我国数字经济成长为"大块头"。

在数字经济时代，实体经济和数字经济融合发展将推动制造业加速向数字化、网络化、智能化发展，同时将运用大数据提升国家治理现代化水平，推行电子政务，建设智慧城市，构建全国信息资源共享体系。利用大数据平台，分析风险因素，提高感知、预测、防范能力。实现这些目标，离不开数据和算力支持。

数据是生产资料，算力是生产力，代表了对数据的处理能力，是数字化技术持续发展的衡量标准，也是数字经济时代的核心生产力。而"东数西算"工程是促进算力、数据流通，激活数字经济活力的重要手段。

（二）算力枢纽全国布局

2022年，国家发改委、中央网信办、工业和信息化部、国家能源局联合印发通知，同意在京津冀、长三角、粤港澳大湾区、成渝、内蒙古、贵州、甘肃、宁夏等8地启动建设国家算力枢纽节点。围绕这8个国家算力枢纽，设立10个国家数据中心集群。至此，全国一体化大数据中心体系完成总体布局设计，"东数西算"工程正式全面启动。

（三）"东数西算"工程的必要性

在数字化、智能化时代，算力是数字经济发展的核心生产力，是实体经济转型升级不可或缺的数字基座，也是一个国家和地区核心竞争力的体现，是全球战略竞争的新焦点。我国算力呈现出规模增长快、智算能力需求旺的特点。根据国家统计局发布的《数字中国发展报告（2023年）》，中国的数字基础设施在2023年实现了规模扩张和速度提升，算力总规模达到230 EFLOPS（每秒230×10^{18}次浮点运算）。我国算力产业年增长率近30%，算力核心产业规模达到1.8万亿元，算力总规模位居全球第二。

事实陈述

随着大数据、人工智能等技术的快速发展，计算性能成为了评估计算机系统性能的关键指标。传统的FLOPS（每秒浮点运算次数）已经无法满足现代高性能计算的需求。

FLOPS前面加上字母表示更大的算力单位：

MFLOPS（megaFLOPS）等于每秒10^6次的浮点运算。

GFLOPS（gigaFLOPS）等于每秒10^9次的浮点运算。

TFLOPS（teraFLOPS）等于每秒10^{12}次的浮点运算。

PFLOPS（petaFLOPS）等于每秒10^{15}次的浮点运算。

EFLOPS（exaFLOPS）等于每秒10^{18}次的浮点运算。

ZFLOPS（zettaFLOPS）等于每秒10^{21}次的浮点运算。

从算力布局上来看，京津冀、长三角、珠三角地区算力规模占全国比重近六成，算力枢纽按需布局趋势明显。然而，由于东部地区土地、能源等资源日趋紧张，在东部地区大规模发展数据中心难以为继。而我国西部地区资源丰富，具备发展数据中心、承接东部算力需求的潜力。因此，实施"东数西算"工程是必要的（图10-1），其必要性主要体现在以下几个方面：

微视频10-1：
解读东数西算

西部地区：
可再生能源丰富

东部地区：
土地、能源等资源紧张

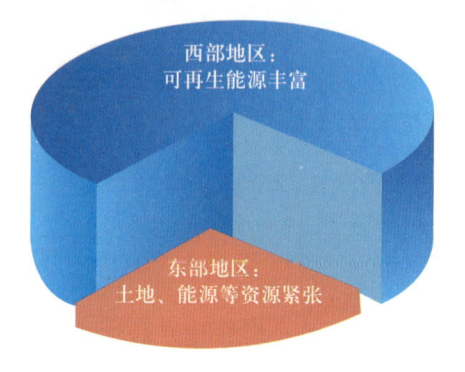

图10-1 东西部资源占比示意图

1. 推动全国数据中心适度集聚、集约发展

通过在全国布局8个国家算力枢纽，引导大型、超大型数据中心向枢纽内集聚，形成数据中心集群。发挥规模化、集约化效应，加大政策支持力度，提升整体算力规模和效率，带动数据中心相关上下游产业发展。在算力枢纽之间，打通数据高速传输网络，强化云网融合、多云协同，促进东西部算力高效互补和协同联动，加快实现全国数据中心的合理布局、优化供需、绿色集约和互联互通（图10-2）。

2. 促进数据中心由东向西梯次布局、统筹发展

一方面，加快推动数据中心向西大规模布局，特别对于后台加工、离线分析、存储备份等对网络要求不高的业务，可率先向西转移，由西部数据中心承接。另一方面，受限于网络长距离传输造成的时延，以及相关配套设施等因素影响，西部数据中心并不能满足所有

算力需求。一些对网络要求较高的业务，如工业互联网、金融证券、灾害预警、远程医疗、视频通话、人工智能推理等，可在京津冀、长三角、粤港澳大湾区等东部枢纽布局，枢纽内部要重点推动数据中心从一线城市向周边转移，确保算力部署与土地、用能、水、电等资源的协调可持续发展。

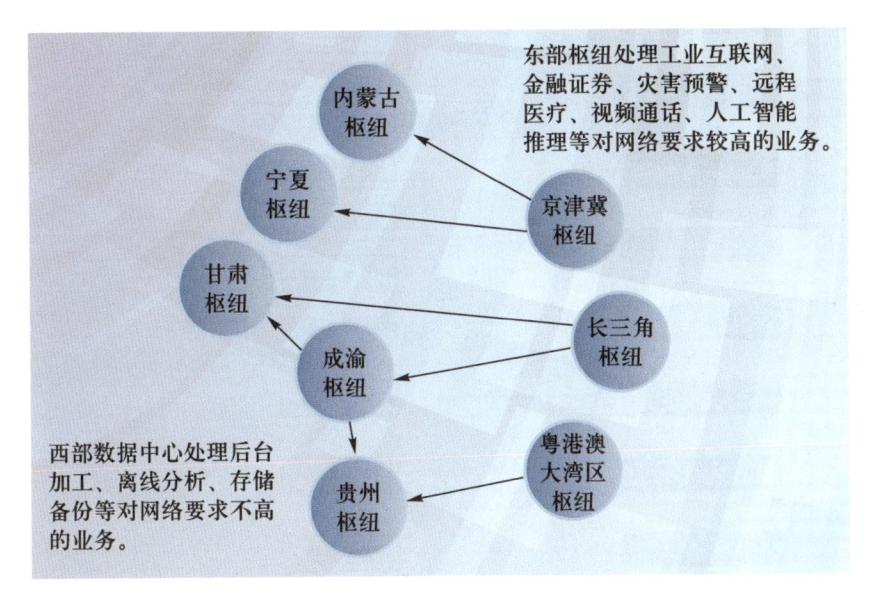

图 10-2　国家算力枢纽

3. 实现"东数西算"循序渐进、快速迭代

为坚决避免数据中心盲目发展，在当前起步阶段，8个国家算力枢纽内规划设立了10个国家数据中心集群（图10-3），划定了物理边界，并明确了绿色节能、上架率等发展目标。比如，集群内数据中心的平均上架率至少要达到65%以上，可再生能源使用率要有显著提升。通过多方指标约束，促进集群高标准、严要求，最小化起步。对

集群发展情况将进行动态监测,科学评估集群算力的发展水平和饱和程度。结合发展情况,今后还将不断优化完善布局,适时扩大集群边界或增加集群,论证新设算力枢纽,实现算力统筹有序、健康发展。

图 10-3　国家数据中心集群

二、比拟性解读

除了"东数西算"工程,类似的国家重大工程还有"南水北调""西电东送"及"西气东输"。

(一)"南水北调"工程

"南水北调"工程(图 10-4)是我国的战略性工程,分东、中、西三条线路，东线工程起点位于江苏扬州江都水利枢纽。中线工程起点位于汉江中上游丹江口水库，受水区域为河南、河北、北京和天津。西线工程尚处于规划阶段，没有实际开工建设。

图 10-4 "南水北调"东线及中线工程线路图

"南水北调"工程规划区涉及 4.38 亿人，调水规模达到 448 亿立方米。工程规划的东、中、西线干线总长度达 4 350 公里。东、中线一期工程干线总长度为 2 899 公里，沿线六省市一级配套支渠长度约为 2 700 公里。南水北调工程是优化水资源配置、促进区域协调发展的基础性工程，是中华人民共和国成立以来投资额最大、涉及面最广的战略性工程，事关中华民族的长远发展。

（二）"西电东送"工程

实施"西电东送"工程是我国能源资源和电力负荷的不均衡性所决定的。我国地域辽阔，能源资源分布极其不均匀，煤炭资源的

69%集中在"三西"地区(即山西、陕西和内蒙古西部)和云南、贵州；水能资源的77%分布在西南和西北地区。经济较发达的东部沿海地区能源资源非常匮乏，但是用电负荷却相对集中。实施"西电东送"工程就成为我国电力发展的必然选择，该工程实施至今，送出的不仅仅是电力，更带来了巨大的经济效益和社会效益。

"西电东送"工程直接带动了西部地区电力发展，形成了一批大型水电基地、火电基地、风电基地和光伏基地，对全国电力结构调整和布局优化具有重要意义。

(三)"西气东输"工程

改革开放以来，我国能源工业发展迅速，但结构不合理，煤炭一度在一次能源消费中占比高达69%，而且我国石油对外依存度接近50%，国内能源供应安全及环境承受较大压力。

2004年10月1日，"西气东输"工程全线投产，2005年1月1日实现全线商业运营的整体建设目标。"西气东输"工程的建设，对于把西部资源优势转化成经济优势，改变管道沿线特别是长三角地区的能源结构，促进产业结构调整，改善大气环境质量，提高人民生活水平都具有十分重大而深远的意义。

思考

相对于"南水北调""西电东送""西气东输"工程，"东数西算"工程有哪些特点？

"东数西算"是我国继"南水北调""西电东送""西气东输"以后，又一项优化资源配置、一体化布局的国家级工程。有人将"东数西算"比拟成数字时代的"南水北调"，因为东部地区资源紧张，大规模发展数据中心变得成本高昂且不切实际，"东数西算"把东部地区产生的数据输送到西部进行运算，更好地减轻东部地区土地、环境与能源压力。

三、逻辑性解读

（一）过去对数据的认识

在中国原始社会时期，通过"结绳计数"，产生了一般的计数活动，以及简单的统计分组（大事、小事）和简单的分组总量指标（大事件数、小事件数），从而形成了"以数为据"的传统，这是最早的数据表示形式。在西方国家，"数据"一词最早出现在拉丁语中，其最初的含义为"给予的事物"。之后，随着科学技术的发展和人类认知的演进，"数据"一词逐渐进入其他语种，并被应用到更多领域。

数据是对事实的记录，当前我们的工作、学习和生活都离不开数据。电信运营商记录我们的通话、通信数据，便于月底结算话费和通信费用；银行数据库中储存着大量的用户信息，包括身份证号码、手机号码、账户信息、资金信息、交易记录，以便帮助客户进行账户管理；学校记录学生的考勤和考试等数据，便于对学生进行过程管理，例如提供成绩单、颁发毕业证和学位证等。从人类文明诞生直至互联网之前的年代，数据一直作为人类社会经济活动的副产品，是与支持人们的商业、生产、生活相伴而生的。

（二）现在对数据的认识

数据赋能一般经历采集、汇聚、关联和使用等环节。数据采集是有目的性的，为了使用才会采集。同样，我们要汇聚哪些数据，与哪些数据关联，也是由使用环节所决定的。因此，数据使用是最后的环节，也是最重要的环节。

数据作为生产要素，其重要性是不言而喻的，但是要发挥数据要素的价值离不开算力的支持。东部及沿海地区是数字产业和数字经济重镇，积累了海量的数据，但由于资源受限，数据中心等算力基础设施建设也受到了限制。东部算力枢纽处理工业互联网、金融证券、灾害预警、远程医疗、视频通话、人工智能推理等对网络延迟要求较高的业务，而西部数据中心处理后台加工、离线分析、存储备份等对网络要求不高的业务。西部数据中心存储了海量的数据，只有当我们需要这些数据时，才会去算它。从十年前的数据灾备中心，到现在的西部数据中心，处理的大多是"冷数据"。

> **思考**
>
> 什么样的数据被称为"热数据"？

数据的使用和产生均离不开应用场景，如果西部地区有足够多的应用场景，我们不仅能够使用数据中心存储已有的数据，而且在数据使用过程中会产生更多的数据。目前，贵州正在拓展数据应用场景，实现各行各业的数字化转型，努力实现从"东数西算"到"西数西算"的过渡。

四、给贵州带来的发展机遇

早在 2012 年 1 月 16 日，国务院印发了《国务院关于进一步促进贵州经济社会又好又快发展的若干意见》（国发〔2012〕2 号）（以下简称国发 2 号文件）。国发 2 号文件对贵州如期打赢脱贫攻坚战、彻底撕掉千百年来绝对贫困标签、同步全面建成小康社会、创造经济社会发展的"黄金十年"起到了十分重要的推动作用，极大地提升了贵州在全国发展大局中的战略地位，进一步提高了"走遍大地神州、醉美多彩贵州"的美誉度和影响力。

文件 10-4：《国务院关于进一步促进贵州经济社会又好又快发展的若干意见》

为深入贯彻落实习近平总书记重要讲话和指示批示精神，支持贵州在新时代西部大开发上闯新路，2022 年 1 月 26 日国务院印发了《国务院关于支持贵州在新时代西部大开发上闯新路的意见》（国发〔2022〕2 号）（以下简称新国发 2 号文件）。新国发 2 号文件给予贵州"四区一高地"的明确定位，即西部大开发综合改革示范区、巩固拓展脱贫攻坚成果样板区、数字经济发展创新区、生态文明建设先行区及内陆开放型经济新高地，每个战略定位均给予了贵州巨大的期望和机遇（图 10-5）。

文件 10-5：《国务院关于支持贵州在新时代西部大开发上闯新路的意见》

虽然 2012 年的国发 2 号文件给贵州带来了"黄金十年"，贵州在这十年中的发展成就令人难以想象，但是这十年走的并非是新的道路，走的仍是东部和沿海发达地区已经走过的

图 10-5 "四区一高地"示意图

老路。新国发2号文件中提到了"闯新路",所谓"新路"指的是别人没有走过的路,即使是东部和沿海发达地区也没有走过的路,所以用了一个"闯"字,要闯出一条崭新的发展道路。

新国发2号文件赋予贵州"数字经济发展创新区"的战略定位,提出支持贵州加快构建以数字经济为引领的现代产业体系,《"东数西算"实施意见》再度为贵州大数据产业赋能,进一步巩固贵州在全国大数据产业发展中的地位。

贵州冬暖夏凉的气候、清洁的空气、稳定的地质结构、水火互济的电力结构和低廉的电价,以及"三线建设"积累的产业和人才基础,成为贵州发展大数据中心的独特禀赋。

微视频10-2:东数西算带给贵州的机遇

事实陈述

三线建设,是我国自20世纪60年代中期开始以备战为目的的大后方建设,主要围绕国防工业建设展开。由于贵州地处整个三线建设腹地,低丘陵、喀斯特地貌等自然环境有利于备战,同时又蕴藏丰富的能源(煤等)和矿产资源(铝、铁等),这一系列因素导致贵州成为我国三线建设最重要的省份之一。贵州的三线建设自1964年开始,到1978年基本结束。三线建设使贵州的煤炭、电力、机械、冶金、建材、电子、化工、食品等地方工业,以及航天、航空、电子(军工部分)、兵器、核工业等国防科技工业得到全面振兴和发展。

（一）"东数西算"工程中对贵州的定位

在"东数西算"工程规划中，贵安集群是重点打造的10大国家数据中心集群之一，也是全球超大型数据中心最密集的地区之一。而作为"东数西算"工程8大国家算力枢纽之一，贵州正全力提升科技创新能力，实施数字产业强链行动，推动传统产业提质升级。

（二）贵州数字化转型的机遇

贵州作为我国首个大数据综合试验区，近年来在大数据产业持续用力，大数据制度创新走在全国前列，形成国际、国家、行业等多项标准；信息基础设施水平迈入全国第二方阵，建成了一批国际级、国家级、行业级数据中心、灾备中心；政务数据共享开放进入全国第一方阵，建成全国首个省级政府数据"一云一网一平台"；大数据创新应用极大地提高了民生服务效能，群众获得感、满意度明显提升；大数据产业集聚成为发展新引擎，数字经济增速领跑全国，大数据产业成为重要先导性产业；数据交易大生态逐步形成，大数据国内外交流合作试验有力地提升了开放水平，"贵漂""贵定"成为新现象。"东数西算"工程的布局，表明贵州在国家数字经济发展战略中有着十分重要的地位，各种推动数字经济发展的国家政策、项目等，都将贵州考虑在内。这些政策措施将有利于贵州在原有良好的工业基础之上，加快发展大数据相关产业，全力以赴在实施数字经济战略上抢占新机。

微视频10-3：回顾"黄金十年"

"东数西算"工程将为贵州在数字领域催生新技术、新产业、新业态、新模式提供"加速度"。客观而言，贵州近些年大数据产业的发展，囤"数"的规模远大于用"数"的规模。经过多年的发展，贵州的"数"已经囤积到了相当大的量级，中国三大电信运营商及苹果、腾讯、华为、富士康等一批标志性企业的大数据中心，以及一批国家部委、行业的国际级、国家级、行业级数据中心、灾备中心均落户贵州。如何用好这些数据资源，是贵州大数据产业今后发展的关键。随着"东数西算"工程的逐步推进，利用好数据中心产业链条长、投资规模大、带动效应强的特点，大力推动数据产业链上下游企业集群发展，贵州的数据应用将跃上新台阶。近年来贵州大力布局的新能源汽车等产业，也有望在算力的支持下，呈现更好更快的发展现状。

"东数西算"工程将带动贵州土建工程、IT设备制造、信息通信、基础软件和绿色能源供给等产业，其产业链条长、投资规模大、技术要求高、预期效益好，必将对贵州经济和产业上下游企业产生显著的带动效应，更好推动贵州经济的高质量发展。

（三）贵州算力发展现状

近年来，贵州以贵阳贵安为核心，立足省内、辐射西南、服务全国，高水平建设面向全国的算力高质量保障基地。贵州成为国家顶级互联网骨干节点，是全世界超大型数据中心聚集最多的地区之一。

2023年，贵州紧密围绕算力、赋能、产业三个关键词，充分发挥全国一体化算力网络国家枢纽节点引领带动作用，协同推进"东数西算"工程，以人工智能等为重点加快培育新质生产力，智算能力不仅突飞猛进，更是快速切换到了人工智能新赛道。2023年底，贵州智算芯片规模超过7.6万张，较年初提升93倍，综合算力水平位居全国前列。

中国通信院发布的《中国综合算力指数（2023年）》显示，贵州省综合算力指数进入全国前 10。根据规划，到 2025 年，贵州省数据中心标准机架将达到 80 万架、服务器达到 400 万台，PUE（数据中心总耗电量与 IT 设备耗电量的比率）小于 1.2，率先建成全国领跑的算力基础设施。

2024 年 2 月，贵州对算力基础设施建设再次出台政策。贵州省通信管理局等七部门联合印发《贵州省算力基础设施高质量发展行动计划（2024—2025 年）》，提出到 2025 年，计算供给均衡合理，总算力规模提升到 80 EFLOPS，超算算力与智算算力合计占比达到 35%。

文件 10-6：《贵州省算力基础设施高质量发展行动计划（2024—2025 年）》

作为国家八个枢纽节点之一，贵州算力枢纽自获批启动建设以来，按照"国家+贵州元素"，起草印发了《关于加快推进"东数西算"工程建设全国一体化算力网络国家（贵州）枢纽节点的实施意见》，构建"一集群、八城市、多边缘"的算力格局。

从项目看，贵州建立"东数西算"重点项目库，实施一批支撑性、示范性、引领性项目，建设银行、交通银行、兴业银行等金融数据中心推进顺利，有效拉动了全省大数据领域投资。截至 2024 年 3 月，全省在建及投运数据中心 39 个，大型以上数据中心 22 个，服务器承载能力超过 244 万台。

文件 10-7：《关于加快推进"东数西算"工程建设全国一体化算力网络国家（贵州）枢纽节点的实施意见》

从网络连通看，贵州围绕网络创新，打造三层时延圈。截至 2023 年建成国家级互联网骨干直联点，与全国 38 座城市实现网络直连；全省互联网出省带宽累计达 4.35 万 Gbps；全省光缆线路长度突破 191 万公里。

从算力运营看，贵州组建了国资控股的省属算力运营企业，与国家高端科研机构协同，推进算力商品化和标准化，实现算网资源层面的统一管理、编排和调度。

发展算力产业是最终目的，为促进算力产业发展，2024年2月29日，贵州出台了一项新举措：向72家省内外企业发放首批"算力券"，以用于其购买算力服务或数据交易产品时抵扣一定比例费用，全力开拓算力市场。

（四）贵州算力发展路径

1. 建设布局科学、创新引领的算力基础设施

按照《全国一体化算力网络国家（贵州）枢纽节点建设方案》，推进贵安国家枢纽节点数据中心集群建设（图10-6），加快存量数据中心结构优化。多措并举加快存量数据中心提质增效，淘汰落后产能，鼓励采用液冷、模块化电源、模块化机房等高效系统设计，以及光伏发电、余热回收等绿色节能措施，推动数据中心升级改造。推动面向应用的边缘计算节点布局，结合5G、人工智能等技术运用，面向交通、教育、制造、城市管理等应用场景，充分利用通信机房、电力变

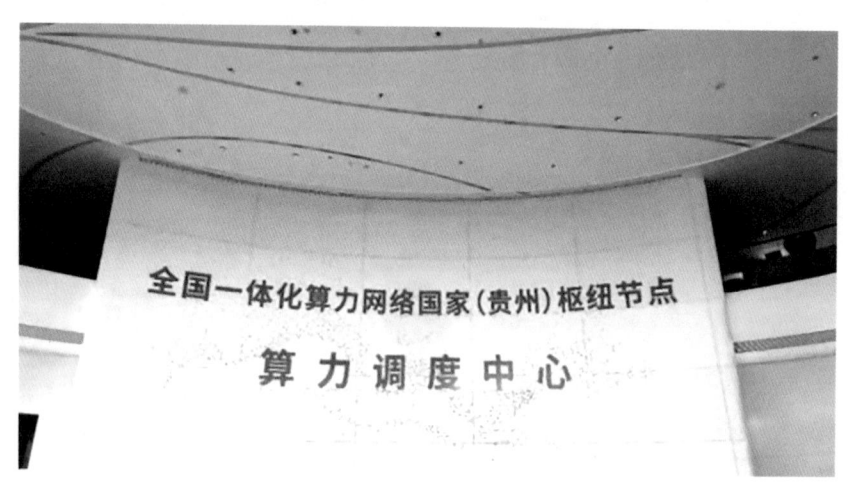

图10-6　全国一体化算力网络国家（贵州）枢纽节点算力调度中心

电站等资源，在产业园区、大型厂区、商圈等需求集聚区建设集网络、存储、计算等资源于一体的边缘计算节点。此外，构建多要素协同算力基础设施体系，聚焦人工智能、云计算、大数据等产业发展要求，全面推进云、网、大数据、人工智能、安全、算力、绿色等多种数字要素基础设施的布局，建成多要素协同算力设施。

2. 建设高速泛在、安全可靠的配套基础设施

建设贵安集群至全国其他枢纽节点数据中心集群的直联链路，形成了高速的骨干传输网，包括至京津冀、长三角、成渝、粤港澳大湾区、甘肃、宁夏、内蒙古等区域，形成跨集群互联互通；集群内数据中心采用光纤直联，实现集群内部互联互通；建设贵安集群至全省其他城市边缘数据中心的直联链路。实现全光高速互联，国家级枢纽节点网络支持不低于1 600 GE的带宽扩展能力，网络可靠性达到99.9%以上。适时积极申建国家新型互联网交换中心落地贵安，持续提升电信运营商和互联网企业互联互通质量，优化数据中心跨网、跨地域数据交互，降低本地网络接入成本。建设网络质量监测平台，实现对贵州枢纽节点各核心数据中心，以及各地分散性数据中心进行全国范围内、覆盖各运营商网络的访问速度监控。

3. 构建绿色高效、安全可控的算力运营体系

加强对存量数据中心的改造提升，推动数据中心采用高效节能冷却系统，提高数据中心智能化管理运维水平。推动存量"老旧小散"数据中心技术改造，向绿色集约型数据中心升级，有序腾退平均上架率低、规模小、设备老旧、效益差的落后数据中心。支持鼓励数据中心在屋顶和楼宇外立面建设分布式光伏系统，提高数据中心绿色化水

平。推广数据中心采用以液冷为主、风冷为辅、风液结合的高效制冷方式。鼓励数据中心采用余热回收利用技术，将数据中心产生的热量进行采集并用于办公区和周边区域的住宅、医院、酒店等用热单位的供暖。探索采用分布式供能、市电直供、高压直流供电、模块化不间断电源等多种技术手段，提高能效水平。鼓励采用模块化机房及虚拟化、云化IT资源等高效系统设计方案，充分考虑动力环境系统与IT设备运行状态的精准适配。鼓励研发采用AI动态能效调优技术，实现能耗与IT负载、气候条件、设备运行等数据中心状态条件的运行优化控制。鼓励采用高效辅助系统和其他节能设备，包括储能电池管理、能效环境集成监控、高效照明等。加强数据中心用能监测，探索建立贵州省数据中心在线监测平台，支持第三方专业机构开展数据中心绿色等级评价、服务能力评价、运维人员培训、PUE测试等服务。鼓励数据中心企业参与绿色电力交易、认购可再生能源绿色电力证书等方式，逐年提高可再生能源的利用比例。

4. 搭建特色鲜明、普惠开放的算力服务平台

建设面向全国的算力运营调度服务中心，搭建算力公共服务平台，支持省内优质算力提供商提升算力服务输出能力，打造全国算力应用创新样板。构建宏中微观一体化的"算力决策大脑"。以决策为主题，打通决策数据感知、分析、研判和执行各环节，重点面向宏观经济、公共卫生、应急管理、自然灾害等重大突发事件处置需求，为调度指挥提供智能支撑。打造贵州特色的算力行业大脑。重点围绕能源、工业、商贸、交通、文旅、健康等领域，建成7个以上具有全国影响力的行业算力应用示范平台，围绕人、企、车、事、物、地等

对象构建数据底层整合打通的行业数据综合治理体系，以数据链带动产业链，促进数据融合型产业创新发展，推动行业数字化转型发展。开展"算力城市大脑"通用平台建设。加快建设数智贵阳、智慧毕节、智慧铜仁、智慧盘州、智慧凯里、智慧遵义、智慧安顺、智慧兴义、智慧都匀，搭建"块数据"城市综合服务平台，为城市治理、民生服务等提供解决方案，打造城市算力底座，实现城市运行"一网统管"。加强与周边省市的算力协同。为周边省份提供算力服务保障，创新存储和算力资源产品，激发本地及周边计算需求，逐步探索推进贵州与周边省区数据中心和算力资源的互联互通和跨区域调度，结合国家重点产业发展实际需求，以面向中小企业的普惠型人工智能公共服务为核心定位，围绕算力和数据两大核心要素资源，面向本省、周边省区和全国开展算力服务。

5. 培育龙头汇聚、价值引领的算力产业生态

发展算力要从发展产业来考虑，目的是为产业服务，贵州算力枢纽近年来沿着算力上、中、下游梳理产业链图谱，锻长板、补短板、强弱项。拓展上游，发展服务器、操作系统、数据库等基础软硬件产业。优先发展对GDP拉动效果好的服务器制造，推动浪潮、鲲鹏等建立本地化产业生态，带动加快建立服务器及核心部件的制造链，推动形成"本地部件生产—本地服务器整机生产基地—贵安数据中心集群"的供应链，实现服务器相关产业链本地化自供给。积极构建存储设备产业链，加大招商引资力度，面向HDD（机械硬盘）、分布式存储和SSD（固态硬盘）这几个市场规模大，规模增速快的细分环节，开展精准招商，力求有所突破。建立液冷系统产业链，着力引进、培

育高效节能的液冷系统，通过与华为等企业沟通，进一步引进液冷系统生产基地或研发相关生态。加强安全防护的产品和服务。借力安全靶场和信创等当前良好的发展基础，继续着力发展具有自主可控能力的安全防护企业，形成产品和服务。

思 考

如何加快实现"西数西算"？

五、结束语

贵州紧盯算力、赋能、产业三个关键，充分发挥全国一体化算力网络国家枢纽节点引领带动作用，协同推进"东数西算"工程，以人工智能等为重点加快培育新质生产力，智算能力不仅突飞猛进，更是快速切换到了人工智能新赛道。未来，贵州超大规模数据中心集群的地位将更加巩固，通过"东数西算"工程，将有效满足其他地区算力资源需求，真正让数据从存起来，到跑起来，再到用起来。

本章习题

一、单选题

1. "东数西算"工程是由（　　）部门联合印发通知启动的。
　　A. 国家发展改革委、国家数据局
　　B. 中央网信办、工业和信息化部

C. 国家能源局

D. 以上所有选项

2. "东数西算"工程中，"数"指的是（　　）。

　　A. 数据　　　　　　　　B. 数学

　　C. 算力　　　　　　　　D. 数字经济

3. "东数西算"工程中，西部地区主要承担的角色是（　　）。

　　A. 数据产生　　　　　　B. 数据消费

　　C. 数据存储和处理　　　D. 数据传输

4. "西电东送"工程主要解决了我国能源资源和电力负荷的（　　）问题。

　　A. 能源资源过剩　　　　B. 电力负荷不足

　　C. 分配不均匀性　　　　D. 能源消耗过快

5. "东数西算"工程与"南水北调"工程的相似之处在于（　　）。

　　A. 都是国家级工程　　　B. 都是优化资源配置

　　C. 都是一体化布局　　　D. 以上所有选项

6. 贵州在"东数西算"工程中被定位为（　　）。

　　A. 数字经济发展创新区

　　B. 西部大开发综合改革示范区

　　C. 内陆开放性经济新高地

　　D. 生态文明建设先行区

7. 贵州的大数据产业集聚成为（　　）的发展新引擎。

　　A. 数字经济　　　　　　B. 传统产业升级

　　C. 新兴产业培育　　　　D. 以上所有选项

8. 贵州在全国一体化算力网络中的定位是（　　）。

　　A. 世界顶级互联网骨干节点

　　B. 全球超大型数据中心最密集的地区之一

　　C. "西电东送"工程重点打造地区

　　D. 以上所有选项

9. "东数西算"工程在贵州的实施意见中提出了（　　）的目标。

　　A. 构建"一集群、八城市、多边缘"算力格局

　　B. 到 2025 年总算力规模提升到 80EFLOPS

　　C. 超算算力与智算算力占比达到 35%

　　D. 以上所有选项

10. "东数西算"工程对贵州的算力产业生态发展有（　　）。

　　A. 推动服务器、操作系统、数据库等基础软硬件产业发展

　　B. 建立液冷系统产业链

　　C. 加强安全防护产品和服务

　　D. 以上所有选项

二、填空题

1. 《"东数西算"实施意见》是由国家发展改革委、国家数据局、中央网信办、工业和信息化部、_____联合印发的。

2. "东数西算"工程的目的是加快构建全国一体化算力网，以算力高质量发展赋能经济高质量发展，助力_____、数字中国建设。

3. "东数西算"工程启动了_____个国家算力枢纽节点。

4. 贵州在"东数西算"工程中被定位为_____。

5. "东数西算"工程为贵州的发展提供了重要机遇，特别是在土建工程、_____、信息通信、_____和绿色能源供给等行业。

6．贵州算力运营企业的主要任务是推进算力＿＿＿＿和＿＿＿＿，实现算网资源层面的统一管理、编排和调度。

7．贵州的算力发展现状包括成为国家顶级互联网骨干节点，与全国＿＿＿＿座城市实现网络直达。

8．"东数西算"工程与"南水北调"工程的相似之处在于它们都是＿＿＿＿、＿＿＿＿的国家级工程。

三、简答题

1．简述"东数西算"工程的主要内容和目的。

2．解释"东数西算"工程如何赋能经济高质量发展。

3．描述"东数西算"工程的数据中心集群是如何布局的。

4．描述"东数西算"工程中贵州的定位和作用。

5．简述贵州如何利用其自然和产业优势发展大数据中心。

6．简述"东数西算"工程给贵州带来的机遇和挑战。

7．简述贵州算力发展的现状和未来目标。

8．简述贵州在网络建设方面的成就，并解释其对"东数西算"工程的意义。

9．简述贵州如何通过"东数西算"工程推动传统产业的提质升级。

10．介绍贵州在培育算力产业生态方面采取的措施。

第十章
参考文献

第十章
选择题和填空题
答案

郑重声明

高等教育出版社依法对本书享有专有出版权。任何未经许可的复制、销售行为均违反《中华人民共和国著作权法》，其行为人将承担相应的民事责任和行政责任；构成犯罪的，将被依法追究刑事责任。为了维护市场秩序，保护读者的合法权益，避免读者误用盗版书造成不良后果，我社将配合行政执法部门和司法机关对违法犯罪的单位和个人进行严厉打击。社会各界人士如发现上述侵权行为，希望及时举报，我社将奖励举报有功人员。

反盗版举报电话　（010）58581999　58582371
反盗版举报邮箱　dd@hep.com.cn
通信地址　北京市西城区德外大街4号
　　　　　高等教育出版社知识产权与法律事务部
邮政编码　100120

读者意见反馈

为收集对教材的意见建议，进一步完善教材编写并做好服务工作，读者可将对本教材的意见建议通过如下渠道反馈至我社。

咨询电话　400-810-0598
反馈邮箱　hepsci@pub.hep.cn
通信地址　北京市朝阳区惠新东街4号富盛大厦1座
　　　　　高等教育出版社理科事业部
邮政编码　100029